石垣 宮古
ストーリーのある
島旅案内

セソコマサユキ

JN175564

人が旅をする理由ってなんだろう。

日常の些事を忘れるため？　疲れを癒すこと？

もちろんそういう理由もあると思うけれど、

旅での体験が、自分にとって「プラス」になるということを、

誰もが知っているからではないだろうか。

旅先で出会う人、お店、場所、その背景にある

ストーリーを知ると、旅はもっと楽しくなる。

そして、そんな出会いを重ねていくと、

その旅はまるで自分にとって忘れがたい物語のように

奥深いものになっていく、そんな気がするのです。

いくつもの乗り物を乗り継いでたどり着く先にある、

豊かな自然やおおらかな人、食べたことのない料理と

個性的な文化、そして見たこともない感動的な風景。

長い道中も、思うようにいかないスケジュールも楽しもう。

ちいさな島には、旅の魅力が詰まっています。

だからほら、準備なんてそこそこに、

ちいさな島へ旅に出よう。

Introduction

YAEYAMA 八重山諸島

石垣 宮古
ストーリーのある
島旅案内
contents

【 この本のアイコンについて 】

 ごはん

 ショップ

 カフェ

 宿泊施設

 工房・手しごと（兼ショップ）

MIYAKO 宮古諸島

HONTŌ
沖縄本島周辺の島々

MAP

川平湾（石垣島）

ぶどり商店（石垣島）

上／久米島ウミガメ館（久米島）　下／ニンギン商店（宮古島）

上／やちむん館工房 サタデーマーケット（石垣島）　下／久米島の集落

石垣港離島ターミナル(石垣島)

宮古島のブーゲンビリア

八重山の島々

島旅の楽しさが凝縮された個性的な島々との出会い

独特の文化が色濃く残る、沖縄らしい素朴な風景。
おおらかな「しまんちゅ」たちとの出会いと、
原生的な亜熱帯林とサンゴ礁の海が広がる豊かな自然。
ここには、島旅の楽しさが凝縮されている。

Iriomote-yamaneko

西表島にのみ生息する
イリオモテヤマネコは
特別天然記念物

西表島 （いりおもてじま）

八重山の中で1番大きな島。だけど、そのほとんどが山や森林なので人口は2400人ほど。浦内川は県内最長で、滝も多い。亜熱帯の自然を満喫したいならこの島へ。船でしか渡ることのできない陸の孤島「船浮」には、時が止まったかのような懐かしい集落の風景が。

Hatoma-jima

小浜島 （こはまじま）

素朴な風景の残る島。島内観光はレンタサイクルが便利。大岳（うふだき）の頂上から八重山の島を眺めることもできる。

Iriomote -jima

Kohama -jima

↖ 与那国島へ

Kuro-Shin

波照間島 （はてるまじま）

日本最南端の有人島。「ハテルマブルー」と言われる海の青さは感動のひと言。南十字星をはじめ、88ある星座のうち84が見られるという星空も魅力のひとつ。夏が終わるとフェリーが欠航しやすくなるので注意。

黒島 （くろしま）

人口220人ほどに対して牛の数が3000頭以上、信号もなければ警察もいないのどかな島。毎年2月の最終日曜日に開催される「牛まつり」には4000人もの人が訪れるとか。

Hateruma -jima

hibiscus

石垣島
いしがきじま

八重山旅の玄関口。人口は5万人弱で人口が増加している数少ない島のひとつ。川平湾などの絶景スポットから、白保の昔ながらの集落、リゾートはもちろん「石垣島ヴィレッジ」や「730 COURT」など新スポットも誕生していて、島旅が満喫できる。

Ishigaki
-jima

Ishigaki
-Airport

Taketomi-jima

竹富島
たけとみじま

沖縄らしい赤瓦屋根に石垣の風景が残る貴重な島。石垣島からフェリーで10〜15分程度。コンドイビーチのうつくしさも必見。一泊するもよし、水牛やレンタサイクルで周遊して石垣島へ日帰りするもよし。お気に入りは「竹乃子」の沖縄そば。

suigyūsha

竹富島では水牛車に乗って集落をのんびり散策

欲張りにアイランドホッピングで島を満喫しよう

アイランドホッピングは、いくつもの島を渡り歩いて旅すること。石垣島を拠点に離島を行き来できるのも八重山旅の魅力。一番好きなのは波照間島。気軽に立ち寄って欲しいのは竹富島や小浜島。好みの島を見つけて。

1

八重山の旅
リアルアドバイス

八重山旅をより楽しむための、僕なりのちょっとしたポイントを教えちゃいます。

プロのガイドに任せて自然を満喫しよう

2

せっかく離島に来たからには満喫してもらいたいのが、豊かな「自然」。うつくしい海にジャングル、星空など。プロのガイドに委ねれば、気軽に、しかもより楽しく自然と触れ合えます。島ならではの、多彩なツアーを楽しんでみてください。

3 旅の拠点は、離島ターミナル周辺が便利

石垣港離島ターミナル周辺は、各離島へのアクセスが良いのはもちろん、徒歩圏内にお土産が買えるお店や飲食店も豊富で便利。ここを拠点にしてなるべくレンタカーの日数を減らし旅のコストを抑えてます。

4 日程はフレキシブルに、余裕を持って

10月頃から北風が吹き始めると波が高くなり、天気が良くてもフェリーが欠航することが増えてきます。波照間島、西表島の上原港は特に欠航しやすいので注意。あらかじめ予定を固めすぎず、運行状況をチェックして行ける時に離島に行く、ぐらいのフレキシブルさをもとう。

5 ユーグレナモール周辺で歩いてお土産探し

ユーグレナモール周辺は徒歩圏内にショップが密集しているので買い物に便利。やちむんや民芸がそろう「やちむん館」（P44）、島内外のつくり手による暮らしの雑貨が並ぶ「石垣ペンギン」、ほかにも「大田民芸」「島のリズム」などなど。ひと味違ったお土産を見つけよう。

ぼくの石垣島の旅
1日スケジュール

旬家（しゅんや）ばんちゃん

離島で朝ごはんを食べられるお店はそんなに多くないけれど、旅先での朝ごはんは、その日1日を元気に動き回るためにも、しっかりとりたい。「とうふの比嘉」（MAP P150B4）もおすすめ。
→ P62

🕐 8:30

灯台の先に離島が。

平久保崎（ひらくぼざき）

気持ちよくドライブして一気に北上、平久保崎へ。丘の頂上は風も強いので、足元に気を付けて登ろう。そこから広がるのはパノラマの水平線と青い海の絶景。
→ MAP P151F2

🕐 11:00

🕐 9:30

白保集落（しらほ）を散策

赤瓦屋根の昔ながらの街並みが残る集落をのんびりお散歩しよう。洋菓子のお店「パピル」（MAP P151D4）や「shiraho家cafe」（MAP P151D4）など、お店もチラホラ。集落の先には海が広がる。
→ MAP P151D4

🕐 12:00

展望（てんぼう）デッキ 心呼吸（しんこきゅう）

お昼ご飯は「心呼吸」で、パノラマに広がる島の風景を眺めながら石垣牛のハンバーガーを。絶景はどれだけ見たって見飽きないもの。
→ P66

どこに行ったら良いか迷ったら、
例えばこんな1日はどうですか？

川平湾
（かびらわん）

石垣島観光で外せないのが川平湾。なんだかんだ言ってもやっぱりきれい。近くにおいしいパン屋さん「ピナコラーダ」（MAP P150B2）があるので、時間に余裕があればぜひ立ち寄って。
→ MAP P150B2

サザンゲートブリッジ

市街へ戻ってきたらホテルにチェックイン。晩ご飯までは市街を散策してみて。夏の日没は19:30頃。日が暮れてきたらサザンゲートブリッジへ。海に沈む夕日を眺めよう。
→ MAP P150B4

🕐 **14:00**

🕐 **17:00**

🕐 **15:00**

武田珈琲
（たけだこーひー）

石垣島で珈琲の木の栽培から行っている珈琲豆専門店。お店では自家焙煎、オリジナルブレンドの珈琲豆を購入したり、飲んでいくことも。営業時間は事前に要確認。
→ MAP P150A2

珈琲豆を味見⁉

🕐 **19:00**

マグロ専門居酒屋 ひとし 石敢當店
（いしがんとうてん）

石垣島の海の幸、おいしいマグロを心ゆくまで堪能できるお店。人気店なので事前に予約しよう。定番の沖縄料理が食べたかったら「島の食べものや 南風」（MAP P150B4）もおすすめ。
→ MAP P150B4

Masumi Sasamoto
笹本真純さん

八重山のローカル誌「月刊やいま」編集。観光情報サイト「沖縄CLIP」フォトライター。茨城県潮来市出身で、東京の編集プロダクションでの雑誌編集を経て、2008年に石垣島へ移住。

人と繋がることで楽しくなる

（しまんちゅインタビュー） 八重山の暮らし

八重山の地域に根ざした情報を発信し続ける
「月刊やいま」編集部の笹本さん、石垣島で暮らすって、どんな感じですか？
取材を通して見えてきた、八重山の魅力を語ってもらいました。
聞き手／セソコマサユキ

どこに行っても知り合いに会う それが、私は楽しくて

　移住して丸10年になります。もともとは東京で雑誌編集の仕事をしていたのですが、体調を崩したこともあって退職。以前からゆっくり巡りたいと思っていた八重山の離島を旅したんです。その時に買ったガイドブックを作っていたのが「やいま」と同じ会社で、一度は離島で暮らしてみたいな、と思ったので連絡したんです。そしたら1ヶ月後に採用し

てもらうことができたので、石垣島にすぐ移住しました。

　2、3年楽しく暮らしたら帰るだろうなと思ってたんですが、すぐにずっといたいと思うようになりました。どこに行ってもすぐに知り合いに会うし、それが嫌っていう人もいるけど、逆に私は楽しくて。大自然がすぐそばにあって、おいしいお店もかわいいお店もあるからリフレッシュできるし、なんでも近くにあるこの島の規模感が私にぴったりだったんです。生活に無駄がない感じがしました。

10年経っても興味は尽きない「八重山」という地域の魅力

　いまだにめっちゃ発見がありますね。興味は尽きないです。お祭りがすごい特徴的だし、イノシシ狩りに連れて行ってもらったことも。「パナリ（新城島）」に2〜3日に1度、船で郵便配達をしている西表島のおじぃの取材もしました。

　印象に残っているのは空港の閉港と開港の取材。ローカル感たっぷりの旧空港の雰囲気が好きで、読者にエピソードを募ったら、その1通1通が届くたびにジーンとするようなもので。最終便を見送った時は本当に泣きそうでした。駐車場に車が停められなくなるぐらいになってて、そういう「寂しくて来ちゃった」みたいな島の人たちのことも好きです。その号は24年ぶりに完売したんですよ。島の人たちの大切な記憶を、記事として残せたことがうれしいです。

　私自身、知り合いができたことで島での時間が楽しくなったから、ぜひ島の人と話してほしいです。ぶっきらぼうに見える人もいるけど、みんなやさしい。オススメの場所を教えてもらえたら、世界が広がると思います。

①友だちが来たらよく連れていくという「平久保崎」。　②原稿に行き詰まった時などは「サザンゲートブリッジ」で息抜き。　③取材後、フレンチ「ガッジョディーロ」（MAP P150B4）に飲みに行きました。おいしい！

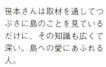

笹本さんは取材を通してつぶさに島のことを見ているだけに、その知識も広くて深い。島への愛にあふれる人。

撮影協力／島野菜CAFE Re:Hellow BEACH

川平湾で憩う微笑ましい家族連れの様子。

ゆったりと流れる時間、島の居心地

時間が進んでいくスピードはどこにいたって変わらないはずなのに、離島に滞在していると、それがゆっくりと感じるのはどうしてだろう。何からも急かされず、心がゆったりとした感覚。良い意味で「てーげー(適当)」で、肩の力が抜けたしまんちゅ(島の人)たち、いつまでもただぼんやりと眺めていたくなるような海の青さなど、そういういろんな要素があいまって、滞在する人の心まで、緩やかにしてくれる。

竹富島の宿「cago」(P36)のマリコさんも言っていたけれど、家電が壊れたからといってすぐ電気屋さんに来てもらえるわけではないし、必要な食材はフェリーに乗って石垣島のお店まで買いに行かなければいけない。「都会」と比べると無いものや、不便なことも多いけれど、ここに暮らす人たち

上／離島ターミナルを出るフェリー。
離島旅が始まる。 中／宮古空港に
咲くブーゲンビリアと青いタクシ
ー。 下／イーフビーチで見かけた
アダン。

にとっては、それ以上に、自然や、人とのあたたかな交流こそが価値あるものなんだと思う。そしてそういう不便があるからこそ、逆に島に暮らす人たちはとても頼もしい。「島の男なんて魚も獲れて、畑もやるのがあたりまえ。ちょっとした工事とか、小屋ぐらい建てられないと一人前じゃない、なんて言われたこともあります」と語ってくれたのは西表島「はてるま」（P54）の吉本信介さん。それに、人と人との距離感が近いのは、他者を気遣うやさしさの表れでもあると思う。

　自然が与える影響は大きくて、波が高ければフェリーは欠航するし、台風がくればお店も休む。思うようにいかないのがあたりまえ。だから事前に旅のスケジュールを詰め込んだって、必ずしもその通りにいくとは限らない。でもそれを受け入れて、臨機応変にその時にできることを楽しむのが離島の楽しみ方。だから、島に来たら、あくせくしないで気持ちをのんびりと。そうやって過ごせば、島はなんて居心地が良いんだろう。

上／黒糖ときな粉のぜんざい
（500円）。ぎゅっと引き締ま
った氷に、ほのかな甘さがぴ
ったり。　下／古い建具や手
動のかき氷機、それに黒電話
がなんとも言えないレトロな
雰囲気を作り出している。

石垣島冷菓

いしがきじまれいか ● 石垣島

上／知人のデザイナーに作ってもらったというかわい
らしいロゴ。 下／テイクアウト用の袋入りの氷はレ
モンやオレンジ、コーヒーなど味もさまざま。

冷たくて、ほっとする
なつかしい佇まい

　初めて訪れたのはもう何年前のことだ
ろう。その時もこのレトロな佇まいに癒
されたのを覚えている。好きな旅先が変
化していくことは悪いことではないし、
そのなかであたらしいスポットを見つけ
るのも、旅の楽しみのひとつだと思う。
でも、何年かぶりに訪れても、変わらず
にそこにある、という安心感のようなも
のも、ぼくは好きだ。久しぶりに訪れた
この店は、当たり前のように当時と変わ
らない姿で、佇んでいた。
　ちいさなテーブルが3つばかりのこぢ
んまりとした店内。壁には手作りの周辺

マップが貼ってある。店頭には一方通行
の案内やイベントのチラシが貼ってある
のが、地域のお店という雰囲気があって
微笑ましい。ガイドブックではかき氷の
店として紹介されることが多いから、観
光客の多くはこのお店にかき氷を食べに
来るんだけど、実はテイクアウトがメイ
ンのお店。袋詰めになった「味付き」の
氷を売っていて、それを地域の人たちが
クーラーボックスを用意して、運動会な
どの時にたくさん買っていくのだそう。
だから、店内は余計にそっけない。でも
その媚びない雰囲気が、ぼくは逆に居心
地が良いな、なんて思ってしまうのだ。
ちいさな椅子に腰掛けて、通りを眺めな
がらキンと冷えたかき氷をいただく。

何年か前に訪ねた時から変わっていない水色の外壁に
タイル張りの外観。見た時に少し安堵を感じる。

Shop data

☎0980-88-6077　🕐11:00〜18:30
🈯日曜（7・8月は無休）　MAP P150B4

石垣島らしい雰囲気と、
この店らしい作り方で

　実は、石垣島出身で、関西で某洋菓子チェーンを成功させた一家が、地元で始めたのがこのお店の始まり。だからこのお店のかき氷には、氷の量がどれくらいに対して、シロップがどう、というように、洋菓子のごとく細かなレシピがあるのだ。氷は水を撹拌機に30分以上かけたあと、3日かけてしっかりと凍らせ、それを粉砕して袋に詰めてさらに3日間凍らせる。だから氷作りには最低でも6日間かかっていることになる。目の前でガリガリと氷を削らないとがっかりする人も中にはいるそうなのだけれど、こうして時間をかけて氷を作ることで、石垣島の暑さの中でも、少し溶けにくくなるのだそう。「なんとなくレトロで雰囲気が良いよね」というだけのお店ではなく、手間暇かかるレシピでしっかりと作られているから、かき氷もちゃんとおいしい。変わらずにいられる、という理由は、そこにもあるのだ。

　いまこのお店を切り盛りしているのは玉城亜紀さん。このお店を始めた親戚から、お父さんの会社を経て、栄養士として働いていた亜紀さんが8年ほど前に受け継ぐことになった。受け継いだ当初は、友人含め周囲の人に「もっとおしゃれに」とか、「お店の雰囲気から変えてみてはどうか」と言われたそうだ。観光業の仕事をしていたお父さんからは、ちいさい頃から「流行りのもの、最先端のものは東京が1番。だから石垣島らしいことをするんだよ」というようなことを言われていた。自分が旅をした時も、その土地のその土地らしさに触れたい、と感じていたから、亜紀さんはお店の雰囲気を頑なに変えなかったのだそう。

　「やってみて、お店を営むことの大変さがわかりました。でも、少しでも長く続けていきたい」。キンと頭に響く冷たさのそのかき氷を、ゆっくりと食べすすめる。子どもたちが行き過ぎ、何組かの観光客がぼくと同じようにかき氷を食べていく。ずっと変わらないこの島の風景が、ここにある。

上／ちいさな体でもエネルギッシュにこのお店を一人で切り盛りする玉城亜紀さん。下／知人に作ってもらったという周辺の「てーげー（適当）MAP」。ぜひ、散策の参考に。

32

BARAQUE

ばらっく ● 石垣島

左から長女のれんかちゃんと次女のあづきちゃん、抱っこされている長男の然人くん。幸せ溢れる家族写真。

Shop data
☎090-2406-3368 ㊤不定休 MAP P151E4 (2018年春オープン予定） ※出店情報はFBページで確認を　http://facebook.com/ishigaki.BARAQUE

幸せな気持ちになれる
バインミー屋さん

　訪ねたのは白保にある「やちむん館」でサタデーマーケットが開催されている日。その木漏れ日の下に黄色いワンボックスカーを乗りつけて開店準備をしていたのが、このイベントの主催者で、バラックの店主でもある田中すみれさん。子どもたちも一緒にお手伝いをしながら、着々とお店はでき上がっていく。オープンの頃になると次々と人がやって来て、顔見知りも多いのだろう、バインミーを買うだけでなく、すみれさんと日々の会話を楽しんでいく。しっかり噛みごたえがあるのは島内のパン屋さん「セブンベルズ」のフランスパン。たっぷりの野菜や塩豚を挟んだら、仕上げにオリジナルのコリアンダーソースをお好みで。ほどよい塩気に、ハーブの香ばしさがあいまって、グッと噛むごとに幸福感が口から体の中へと浸透していくよう。

　神奈川県逗子市で暮らしていた田中家。東日本大震災のこと、原発のこと、いろいろ不安を抱えるくらいなら、と思い切って石垣島に移住してきた。ご主人の正敏さんは飲食店などで働いたのち、移住後は家具製作や大工仕事に汗を流している。看板やショーケースなどの什器はもちろん正敏さん作。すみれさんはお店を始めようとふたりで話した時に、バインミーのお店にする、と宣言した張本人。試作してみたらこれがおいしくて。自宅の一角で店舗として営業していたこともあるけれど、いまは子育て真っ最中ということもあってイベント出店と配達のみ。それでもFacebookで募れば配達の注文が入り島のあちこちへ。「お母さんたちが売り買いする場を作りたい」と始めたサタデーマーケットにも次々人がやって来る。取材の時、1年後はどうなっているかわからないと笑ってたけど、春から自宅倉庫で営業することにしたそうだ。その時の状況にあった、できるスタイルで良い。このバインミーを食べて、明るいすみれさんと話していると、自然と前向きで幸せな気持ちになれる。場所も営業スタイルも関係なくて、それこそがこのお店の魅力の本質だと思うのだ。

上／石垣豚の「塩豚バインミー」。この日は他に「トマト煮 スモークサーディン」と「オーガニックレンズ豆ハンバーグ」のバインミーが。下／お客さん一人ひとりと笑顔を交わすすみれさん。

ちいさな島宿 cago

かご ● 竹富島

新しい一歩を踏み出すための
ちいさな島の癒しの宿

　ある人は「癒されるためじゃなくて、一歩前に進みたい時にここに来るんだよ」と言った。竹富島の中でももっとも美しい道の途中、石垣の合間にささやかな看板があるだけの、ひっそりとした宿に世界中から旅人がやって来る。石垣の隙間を抜けて敷地内に足を踏み入れればバリを思わせるリゾート感。中庭のテーブルでは旅人たちが憩い、交流する。朝

上／中庭は宿泊客にとって憩いの場であり、交流の場。下／沖縄・竹富島らしい赤瓦の屋根が、南の島の青い空に映える。

Shop data

☎0980-85-2855　休無休　料2名1室1万円～（1名）
MAP P149F4

からワインを開けてのんびり、なんて人もいるそうで、静かで、ゆったりと大人の時間が流れる。

福岡でウエディングプランナーとして活躍していた松田マリコさんは、とあるイベントをきっかけに石垣島に来て、せっかくだからと竹富島に足を伸ばす。翌朝、西桟橋を訪れるともう電流が流れるようにこの島を好きになってしまった。それから1年後には、cagoをオープンしていたそう。「協力しよう、助けようっていうご近所さんの気持ちがすごい強いですよね。いつのまにか玄関先にバナナや冬瓜、タコなんかが置いてあったり。でも、1年間はトライアル期間って言われました。しばらくして島の行事ごとの案内が届くようになりました」。

もちろん簡単なことばかりではなくて、町並みを保存するには相応の努力が必要だし、なにかが故障してもすぐに直しに来てもらえない、食材や生活用品の購入は石垣島へ行かなければならないなど、都会の常識が通用せず、離島に暮ら

す大変さを感じたこともあるけれど、きっとマリコさんにとってそれは大きな問題ではないのだ。自分がウエディングプランナーとして忙しく働いてきた経験もあって、働く女性のエスケープの場を作りたいと思ったマリコさんの思いが、この場所にそのまま形になっている。だから、なのか、お客さんにはクリエイターなど「同じ感性、感覚の人が多い」そうだ。だからこそお客さん同士も繋がりやすく、密な交流が生まれる。

オープンにあたって最大限の協力をしてくれたご主人の潔さんは、コーヒーとスイーツ、パンを担当。マリコさんは料理をし、旅人たちをつなげていく。「なによりもcagoが好き。ここに来てくれるそれを共有できる人が好き、もてなしている自分が好き。こんな未来は全然考えてなかったけど、自分がワクワクしているならそれでいいんじゃないかな」。ここは癒されるだけじゃなくて、新しい一歩のための力が湧いてくるような、そんな不思議な力を持ったちいさな島宿。

左／朝食には旬のフルーツが色鮮やかに並ぶ。そのほか島の野菜のサラダや自家製パン、卵料理など。連泊しても飽きないよう日毎メニューは変わる。 中央／宿の前の石垣の美しい通りを掃除するマリコさん。右／落ち着いた雰囲気で、ゆったりとくつろげる室内。

Miruku

島のおはなし ❶

ミルク神の仮装行列が練り歩く

ムシャーマ 波照間島

旧暦のお盆の中日（2018年は8月24日）

豊年祈願と先祖供養のための祭り。祭りの名前は、波照間島の言葉「ムッサーハー（面白いこと）」あるいは「ムシャー（武者・猛者、亡者）」にちなむと言われる。五穀豊穣の神・ミルク（弥勒）、ミルクの子ども、獅子舞などの仮装行列が公民館まで練り歩く。

個性的なお祭りで沖縄文化に触れよう！

八重山＆宮古諸島のお祭り

個性豊かな祭事は、島の文化や歴史に触れるチャンス。
離島独特の神様の姿や奉納芸能は、忘れられない思い出になるはず。
でも、島の人たちがとても大切にしている行事ということを忘れずに。

大人も子どもも一緒に楽しい

黒島牛まつり 黒島

毎年2月の最終日曜

和牛の生産地ならではの手作り感あるイベント。毎年恒例の目玉は、本物の牛1頭が当たるお楽しみ大抽選会。黒島で育った牛の料理を食べられたり、牛との綱引き（年による）、牛にまつわるクイズ大会などまさに牛づくしを楽しめる。

島民が総出となった伝統行事

種子取祭 竹富島

旧暦9、10月の2日間（2018年は10月予定）

祓い清めた土地に種子を蒔き始める祭り。準備期間を含め10日間行われる。見所は約70もの伝統芸能が披露される7・8日目で、玻座間村と仲筋村が芸能を奉納。7日目は村の家々を回るユークイ（世乞い）が夜通し行われ、観光客も参加できる。

独特なメロディーは夏の風物詩

アンガマ 〔石垣島〕

旧暦7月13日〜15日
（2018年は8月23〜25日）

八重山の盆行事。あの世からの使者、ウシュマイ（翁）とンミー（媼）がファーマー（子孫）を引き連れて家々を回り、唄や踊りを仏前で披露して先祖を供養する。ウシュマイとンミーが見物客との問答で楽しませる。

Angamā

神様が逃げる人々を追いかける！

島尻のパーントゥ 〔宮古島〕

旧暦9月上旬

悪霊払いと無病息災の伝統行事。蔓草（つるくさ）に包まれた全身泥だらけの仮面を付けた3体の神様が、村落内を歩き回って、人々や家、車に容赦なく泥を塗りつけていく。神様に泥を塗られると、1年間無病息災で過ごせるご利益も。

O ho ho

子どもに人気のオホホが登場

西表島 節祭（しち） 〔西表島〕

旧暦10月前後の己亥から3日間
（2018年は10月予定）

五穀豊穣を祈願する伝統行事。2日目には舟漕ぎや多くの芸能が奉納される。「オホホ〜」と奇声を発しながらお金を見せびらかす悪い神様は、干立（ほしだて）だけに登場する「オホホ」。ちょっとコミカルな仕草が子どもたちに大人気だ。

ぶどり商店 ✋

ぶどりしょうてん ● 石垣島

自然の恵みを
暮らしの中に

　沖縄本島の北部は「やんばる」と言っ
て、那覇をはじめとした中南部からする
とガラッと雰囲気が変わるほどに緑が深
くなる。石垣島にも似たような雰囲気が
あって、北部へ車を走らせていくと、離
島ターミナルなどの市街地とはまるで違
う、自然豊かな景色を見せてくれる。ぶ
どり商店はそんな石垣島北部の野底(のそこ)とい

う地域にある。たどり着いた時にたまた
ま雲の切れ間から青い空が顔を出して、
雨の渇き切らない沖縄らしい古いコンク
リート作りの平家をキラキラと輝かせて
いたから、なんだかその光景にしばし見
とれてしまった。
　「商店」と言ってもいまは町の商店のよ
うな食料品や日用雑貨は売っていなくて、
店主の古屋敷聡子さんが染めたTシャツ
やストール、手ぬぐいなどお土産になる
もの、さまざまなワークショップで使う

P40／人気のワークショップのひとつ「植物で染めるストール」。薄いピンクが月桃、朱色は茜、黄色は土で染めたもの。　左上／不思議な模様のインドの木版。ワークショップではこの木版を使ってトートバックを作る。　左下／かわいらしい青い椅子。何気ない風景も絵になる。　右／増築した店舗部分を風が吹き抜ける。

土や木の根、木版などの素材が置かれている。古い平家の一角を自分たちで増築してお店にしていて、そのどこか異国のような雰囲気は、ここが日本だということを忘れてしまいそうなほど。「自然の恵みを使った、楽しいワークショップをしようっていうのがここのテーマなんです。家と外の境界線があいまいで、私にとっては自然と寄り添った暮らしが当たり前なんですよね。実験みたいなことも大好きだから、自分でいろいろ試してみ

て、他の人と共有したくて定期的に新しいワークショップとして企画・開催しています」。そう聡子さんは話してくれた。赤土の多い石垣島で、土のついた靴下やTシャツが赤く染まってしまったことがきっかけで泥染めに興味を持ち、それ以来、島にある土や植物から染料を取り出したり「研究」してきたそう。「なにより材料がタダだしね」と笑う聡子さん。確かにこの場所は、暮らしと自然が溶け合っているようだ。

お土産を自分で作る
ワークショップ

　自家製のミツロウを使った「ミツロウラップ作り」、インドの木版を使ってオリジナルのトートバックをデザインする「ブロックプリントのワークショップ」や、石垣島北部で採取した土で「パステル作り」。黒島で開催された島嫁市（P48）でも好評で、大人も子どもも一緒になって楽しんでいる姿が印象的だった。

　聡子さんが東京から移住してきたのはもうずいぶん前のこと。最初は友人に誘われてキャンプをしに石垣島へ。自然や出会いに魅せられて、以来アルバイトでお金を貯めては石垣島にやって来て、お金がなくなったら帰る、の繰り返しだったそう。移住後、市街で暮らしたけど、やがて自然豊かな島の北部へと移り住ん

だ。その後、巣箱などを知人から譲り受けて始めたという養蜂、「思った以上に採れた」というはちみつを販売したことをきっかけに、食料品や雑貨も集めて地域の「商店」としてスタートしたのが始まり。お店をしていると徐々に観光客も立ち寄るようになって、自分で染めたTシャツや手ぬぐいなどの土産物を置くように。いまでは週に2～3回ほど開催しているワークショップがメインで、不定期で営業中。

　聡子さんは「ボロボロですけどね」と笑っていたけど、お店と暮らしと、自然とが調和していて、この店の風景を美しいと思った。いつかまたこの場所に来て、土に触れ、庭で子どもたちを遊ばせ、憩い、のんびりと過ごす時間が持てたら、きっと素敵だろうな。取材をしながら、ぼくはそんなことを思っていた。

Shop data
☎0980-89-2578　🕐10:00頃～16:00頃　休不定休
MAP P151D1

左／土の色の違いも楽しいパステル作りのワークショップ。最後は名前をハンコで押して完成。　右／自由なデザインに個性が表れるトートバッグは聡子さん作。

上／泥染めしたストールが風にゆらりとなびく。その度に
自然の色合いが美しく濃度を変えた。 下／映画のセット
のような「ぷどり商店」。奥がお店で、手前に自宅がある。

やちむん館工房

やちむんかんこうぼう ● 石垣島

暮らしのそばにある
民具を継いでいく

　島の一周道路を逸れて路地に入り、さとうきび畑を抜けて緑が茂るでこぼこ道に差し掛かったあたりで、時空のひずみにでも迷い込んだのではないかという錯覚にとらわれた。その名の通り、やちむんをはじめとした島の民芸品を扱う「やちむん館」は市街地の大川にある。ここは白保にある工房で、民具の販売や製作、ワークショップなどが行われている。

　実はこの場所、竹富島から移住者が開

拓した盛山村の跡地。館長である池原美智子さんの一族が、開墾し、整備し、小屋を建ててこの場所を作り上げた。その頃の名残があるからだろうか、ここがひとつの集落であるかのような、不思議な一体感を感じさせる。ぼくは特に信心深い方ではないのだけれど、八重山を旅していると不思議な"エネルギー"を感じることが時々ある。そういう時は自然や暮らしの中に潜む沖縄の神様が近くにいるのかな、なんて勝手に思ったりしてるんだけど、この場所もやっぱりそう。木漏れ日の揺れる小屋でものづくりをする様子を見たり、樹齢300年とも言われる大きなガジュマルの気根の真ん中に立ってみたりすると、ここが特別な場所なんだという気持ちがしてくる。

P44右上／金城次郎氏や大嶺實清氏の作品。左上／植物で作られた民具などを販売。 中央／茅ととうづるもどきできた米や豆を保存するカゴ。その目の細かさと丈夫さに驚く。 下／木々の隙間から見えるのは、やちむん館の工房。手前入り口から入るとさまざまな民具の販売スペースがある。

左上／島の植物で作られる民具たち。 右上／奥に見えるのはうぶるという水を汲む民具。 左下／ハルサー（農家）が使う蓑。日よけになり風通しも良い。 右下／ゆったりしたスペースの中に、たくさんの民具が並べられた店内。

工房の縁側でくつろぐ美智子さん。工房には家族のようなスタッフが出入りして、いつもあたたかな雰囲気。

Shop data

☎ 0980-86-8960　🕐 10:00〜17:00　㊡水曜
MAP P151D3

工房であり暮らしの場
丁寧に紡ぐ時間

　もともと工房兼住まいだったこの場所。人が多く訪ねてくることから、いつしかお店として開かれた場所。工房の脇には美智子さんが暮らす小屋があって、いまでもお風呂は五右衛門風呂。実はこの小屋、当初は工房の左側にあったんだけれど、ガジュマルが伸びて来たのでクレーンで移動させたのだそう。「カジュマルを切るのではなくて、その成長にあわ

YAEYAMA

P46／サタデーマーケットの日に開催されたのは、樹齢300年のガジュマルの下でヨガのワークショップ。上／この日はクバの葉でうぶるづくりに挑戦。固い葉を湿らせて編んでいく。

せて私たちの方が移動するんです」。

　この場所は実は敷地が9000坪もあり、工房や住まいがある場所の他には、「いつか植物園にしたい」と美智子さんが島のあちこちから集めてきた植物たちがうつくしく調和する庭が広がっている。住まう人の気持ちが通ってこそ、その土地に命が吹き込まれる。だからこの場所にある不思議なエネルギーの源のひとつは、美智子さんの慎ましやかで丁寧な暮らしのなかから生まれてくるものなんだと思う。

　「ご先祖様から受け継いだものを汚さないように、この場所を守り、繋いでいくのが私の役目」。そう話してくれた美智子さんに一番の財産はなんですか？と聞いたら、「時間」だと答えてくれた。限りがあるからこそ、自分の持てる時間を大切に使うこと。過去から未来へとつながっていく時間の中で、自分にできることはなんだろう。そう考えると自分も大きな時間の流れの一部だと感じる。だからこそここにいると、"いま"を大切にしたいと思うのだ。

1

2

私が
始めました！

ちいさな島の手づくり市

黒島の「島嫁市」

開催日　3・11月の年2回

場所　竹富町農村婦人の家
MAP P149D4

ゆるやかな空気の中で
過ごす時間が心地良い

　朝9:30。石垣港の離島ターミナルからフェリーに乗り、およそ30分ほど。黒島に到着すると、島嫁市の主催者である新城美保さんが港まで迎えに来てくれていた。今回の会場「竹富町農村婦人の家」に着くとまだ準備中だったので、周囲を散策しながら時間を待った。

　黒島は人口220人ほどのちいさな、ちいさな島。交番や信号もなければ、街灯もほとんどないから、八重山の中でももっとも星空がきれいだと言う人もいるほ

ど の、のどかな島だ。美保さんが結婚を機に移住して来たのはもう15年ほど前のこと。移住当初は島の暮らしに馴染むのに精一杯。数年経って慣れてきて、ふと立ち止まってみると、ちょっと閉塞感を感じて辛くなってしまった。そんな時に、島のねーねー（お姉さん）たちが「応援するから好きなことをやりなさい」と声をかけてくれた。大阪に暮らしていた頃、妹と一緒にフリマに出店して楽しんだ経験を思い出し、自宅でイベントを開催したのが、この市の始まり。いまは年2回、「暑くも寒くもなくて、島の行事が少ない」3月と11月に開催している。

48

6

7

①会場となった「竹富町農村婦人の家」。②主催者の新城美保さん。くしゃっとした笑顔が魅力。③子どもたちも一緒になって楽しんでいた。④ミルクさまのブローチ。⑤石垣島「ドルフィンネイル」でおばぁもネイル体験。⑥ピナコラーダの食パン。⑦手づくりの看板。⑧お庭で始まったライブ。⑨美保さんの雑貨店も。⑩ぶどり商店のパステル作りワークショップ。

ネイルは
おばぁにも
大人気！

島の中も外も隔てなく、人をつないでいく

　会場に戻るといつのまにか人が増えていて、出店者もお客さんも知り合いが多いからか、おしゃべりしながらゆるゆるとスタート。石垣島から出店しているパン屋さん「ピナコラーダ」のパンは並んだそばから売れていき、移住してこれからお店を開くというクレープ屋さん、整体や雑貨があり、島で唯一のカフェ「イコノマ」がやって来たのはちょっとのんびり目のお昼頃。石垣島の「ドルフィンネイル」はおばぁの爪を綺麗にしてあげていて、「ぶどり商店」のワークショップには大人も子どもも楽しそうに参加していた。午後にはピナコラーダが結成したバンド「はれときどきうた」がお庭でラ

イブ。美保さんは自分のお店「3banza market どんぐり姉妹店」の店番をしながら、みんなに笑顔を振りまいている。

　だれもがリラックしていて、のんびり。竹富島から来た人が、「この島だから出せるゆるさですね。黒島マジックです」と話していたのが印象的だった。「島にいるだけだったらなかなか会えない島外の人と交流できるのが嬉しいです。ちいさい島だけど、集落が離れているとなかなか会う機会がないので、島の人同士が島嫁市で会話してるのを見るのも好き」と美保さん。港まで送ってもらって、16:00のフェリーで石垣島へ帰る。もうすでに、心までほぐされるような島嫁市でのゆるやかな時間が、なんだか夢の中にいたかのように懐かしい。

◎問い合わせ／090-6827-6682（新城美保）

オブ・ラ・ディ、
オブ・ラ・ダ♪

竹富島の集落をゆっく
りと歩く水牛車。

離島を「素朴な風景と豊かな自然」みたいに一口に言ってしまうと、どこも同じように感じてしまうけれど、それぞれにはちゃんと「個性」がある。

石垣島は、もちろん八重山の島々の玄関口。

竹富島は赤瓦屋根とサンゴの白砂の道、石垣という昔ながらの街並みが残っている貴重な島。島の人々は「竹富島憲章」というルールを作って、自分たちで日々美しい景観を守る努力をしている。だからこそ、守られているその風景は、自然と、人の暮らしとの調和が本当に美しいと思う。

西表島の自然はやっぱり圧巻で、「はてるま」（P54）の吉本さんは「海も山も川もあって、沖縄の自然を凝縮した感じ」

と表現していた。小浜島はフェリーが欠航することも少なく、所要時間も30分程度、島内はレンタサイクルで廻れるので、サクッと立ち寄れる。

　石垣島からは飛行機(約30分)が便利な日本最西端の与那国島は、断崖絶壁の雄々しい風景と、与那国馬が見せる風景が八重山の中でも独特。オススメのお店「雑貨さくら」は、期間限定で民泊も受け入れ中。このお家、ほんとステキなんです。

　波照間島はお気に入りの島のひとつで、ニシ浜の海の青さはやっぱり特別だ。そうそう、離島を訪れたらぜひ見て欲しいもののひとつが「星空」で、波照間島は南十字星が見えることでも有名。波照間島はフェリーが欠航しやすい航路のひとつで、以前、10月頃に八重山取材で石垣島に滞在した1週間の間で、フェリーが運行したのがぼくが波照間島行きを予定していた1日だけ、なんてこともあったっけ。

　文化や住む人の人となりが少しずつ違うということを肌で感じ取れると思うので、ぜひ実際に足を運んでみて欲しい。ぼくもまだ行けてない島がいくつかあるので、いつかきっと、訪ねてみたいと思っている。

牛がのんびりと過ごす黒島の風景。

上／フェリー乗り場へ向かう人々。中／宮古島の東平安名崎で撮影した星空。　右下／自然豊かな西表島の動物注意の標識。　左下／与那国島「雑貨さくら」のダイニング。

島の食材をおいしく
食べてもらいたい一心で

　旅に出たら、他では食べることのできない地元の食材を食べてみたいもの。西表島に、そんな気持ちを100%満たしてくれるお店がある。営むのは吉本信介さん。波照間島出身のお母さんが那覇と西表島で営んでいたお店を引き継いだ。訪ねる時は「おまかせ島の味コース」を予約しておこう。その時々に採れる島の食材が10品ほどの料理になって提供される。この日は、実に9日ぶりの営業だった。「たとえば春は海藻を採るので忙しくて、下処理が夜中までかかるので営業してる暇がないんです。西表島には市場がないんですよ。食材を買えれば楽なんですけどね」。

　野菜は主にお母さんが畑で育てたものを、肉は猟師や知り合いから、そして山

はてるま 🍚

● 西表島

左上／この日のメインは高級魚アカジンミーバイのマース（塩）煮。島豆腐とアーサを添えて。ふわりと海の香りが漂う。右上／デザートのパッションフルーツのゼリー。プチプチとしたタネの食感と程よい酸味が食後に心地良い。左下／11月15日から2月15日まで猟が解禁されるイノシシのチャンプルー（炒め物）。右下／付け塩と衣に長命草を混ぜたセーグァー（島えび）の天ぷら。その香ばしさたるや、、、

料理をする店主の信介さん。気候や客層など、その日の状況を見て調理方法や味付けを変えることも。食材や季節によって内容が変わる「おまかせ島の味コース」は4000〜5500円（前日までに要予約）。

Shop data

☎ 0980-85-5623
🕐 18:00〜23:00　休 不定休
MAP P153D4

菜や海のものは自分で採りに行く。食材がなければ営業はできないから、収穫や漁のタイミングが来たら、そっちが優先。だからお店はしばしば休むことになる。

那覇で生まれ育った信介さんだが、幼い頃は休みとなるとお母さんの実家のある波照間島へ。おばぁや漁師のおじさんにたくさん遊んでもらったそうだ。そんな頃の記憶があるからだろうか、料理も、魚も大好きで、一度は別の仕事に就いたけれど、やっぱり料理がしたいと学び直した。さまざまな店で修業を積んで行くうち、「島の食材を、本当に美味しい状態で、たくさん食べてもらいたい」という、この店の根幹となる思いがカタチ作られていったのだ。

貝や海藻を夜通し採りに行って、多い時には20kgにもなる荷を背負い戻ってきたら10時間かけて下処理なんてことも。近くの港から船を出してすぐ魚を釣りに行くこともできる。ちいさな島だからこそ、できるスタイル。「大変だけど、喜んでもらえると思ったら頑張れます。人に任せるのが下手くそだし、好きなようにやりたいんですよ」と、信介さんは屈託なく笑っていた。

沖縄の古い民家を、島の先輩と一緒に改装した店舗。島の東側、静かな集落の中にある。畳敷きの落ち着く雰囲気で、ゆったりと島の味を堪能できる。

左／進むのがちょっと不安になるような、工房へと
続く獣道。 右／粘土づくりも自分たちで。こちらは、
水分を抜いて、乾燥させている途中のもの。

南島焼 🖐

なんとうやき ● 石垣島

Shop data

☎ 0980-88-2428　🕐 10:00～18:00　㊡不定休
MAP P150B2

ふたつの表情を持つ
南の島のカラフルな陶器

　器を「良いな」と思う時にはいくつか理由があって、形やそれに伴う使い勝手もそうなんだけど、やっぱり、食卓を華やかにしてくれるとか、食事を楽しくさせてくれるとか、そういう「ポジティブさ」があると、ぼくは引き込まれてしまう。南島焼もそういったタイプの器のひとつ。そして南島焼はふたつの表情を持っている。

　川平湾で有名な石垣島川平。道路沿いに大きな看板があるから間違えることはないと思うけど、それを頼りに未舗装の道を進んでいくと、看板があったことなんてすっかり忘れて不安になってくる。「こんな場所にお店が？　というか人が住んでいるの？」と。不安に負けずに進んでいくと、見えてくるのが奈美さ

ん、キャサリンさんのロリマー親子が営む南島焼の工房だ。「ただ草が生えてるだけみたいに見えるでしょ？ でもここは全部が奈美さんの作品なんです」とキャサリンさんが言うように、見上げた先にある花も、足元にささやかにある葉も、すべては奈美さんが大切に育てている植物だそう。だから奈美さんは語り出すと止まらない。「もう少ししたらキャリアンドルっていう赤いふわふわした花が咲くんですけど、花も、鳥も、島のものは手当たり次第に描いてます。モチーフが尽きることはないですね。道端の草にも感動するし、この葉も好きです、これも、これも、、」。そうやって心を震わせながら絵付けされた器は、その感動が手に取る人にも伝染していく気がする。

上／移住してきた時に建てたショップ。奥に自宅があり、その背には山が。下／アカショウビンやキャリアンドルを描いた奈美さんの色鮮やかな作品。

上／向かい合って絵付けするふたり。作業中は黙々と。下／日本の家紋をアレンジしたと言うキャサリンさんのマグカップとコーヒーサーバーのセット。

この場所に暮らすからこそ
生まれてくるもの

「島の土と水を水肥タンクに入れて2時間ぐらい足で踏んで、砂やゴミを分離させるんです。浮き輪をしてタンクに入って足で踏むっていうのを子どもの頃にいつも手伝わされていたから、大っ嫌いだったんです」とキャサリンさん。飲食の仕事などを経験したのち、改めて奈美さんと一緒に土に触れ、器と向き合ってみると「めっちゃ楽しい」。器を作りたいというよりも「お皿に絵を描きたいんです」。手の動くまま、感じるままに絵付けしていく。ある頃を境に、キャサリンさんの作風はガラリと変わっている。具体的なモチーフより、感覚的なデザインを描くようになったのだ。それは見入ってしまうようなカラフルさだけど、どこか心地よい不思議な模様。「昔は島を出たくてしょうがなかったけど、帰ってくるたびに島が好きになって、自然ってこんなにいいんだって思ったら、今はもう離れられないですね」。

香川から移住して35年が過ぎる奈美さんも言う。「どんどん好きになってます。ここで暮らすから自分の焼き物が作れるんです」。足で踏んだ粘土を漉して1日おき、沈殿した粘土を3日間窯で炊く。水分が蒸発してきたら素焼きの器に入れて2週間ほど乾燥させた後、袋に入れて10日間寝かす。ろくろを回すまでに3週間ほどかかるけれど、それでも昔からの、島の土を使ったこの作り方は変えない。表現は異なれど、ふたりの作品に共通するのは、島の自然への愛なのだ。

上／ショップの前で笑う奈美さん（右）とキャサリンさん（左）親子。 上から2枚目／敷地内にある川は、キャサリンさん兄弟が子どもの頃にたくさん遊んだ思い出の場所。 上から3枚目／奈美さんが描くのは、花や鳥など、愛する島の自然。カラフルで表情豊かに描き出される。 下／文字通り自然に包まれた工房。

南国らしい
色鮮やかな器！

1

2

離島の陶器が大集合

石垣島「やきもの祭り」

開催日　毎年12月頃
場所　石垣市民会館
MAP P150B4

60

石垣島だけじゃなく、西表島、与那国島からも

　沖縄の「やちむん」と言えば、すでにいくつも持っている人も多いのでは？　焼き物、つまり陶器のことで独特の力強い佇まいが人気。本島では読谷村で12月に開催される「読谷山焼陶器市」などイベントが開催され、地元客から観光客までたくさんの人で賑わう。かくいうぼくもやちむんは好きで、毎年の陶器市は沖縄で暮らす楽しみのひとつだったりする。実は石垣島でも「やきもの祭り」が

毎年12月に開催されている。お昼頃に会場である「石垣市民会館」にやってくると、すでにたくさんの車、ひと。南島焼（P56）など人気の工房は開場してすぐに展示スペースがスカスカに。それでも石垣島だけでなく、竹富島、西表島、与那国島から計18窯元が一堂に会するのはなかなか壮観だ。

つくり手と交流しながら買い物ができる楽しさ

　さてさて、会場を見てみよう。入口のすぐ正面にいたのは与那国島の「山口陶

6

①会場で特に人気だった南島焼の色鮮やかな器。　②高林奈央さんの作品は普段使いしやすそうなシンプルな器。　③やまばれ陶房のカップ。　④来場客で賑わう会場。　⑤与那国島から参加の山口陶工房。　⑥どれも手に取ってみたくなる器ばかり。　⑦大人も子どもも焼き物に夢中。こちらもやまばれ陶房のカップ。　⑧⑨こちらは白保で開催される日曜市。地元食材に出会える。

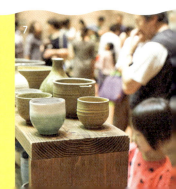

7

たくさんあって
目移りしちゃう

工房」。粉引の白い器はシンプルだけど、食卓で確かな存在感を発揮してくれそう。石垣島の川平地域で作陶する「やまばれ陶房」は、川平湾のようなうつくしい青のカップが目を引いた。キッズスペースがあったり、シーサーや絵付けの陶芸体験もあり、親子で楽しめるのもうれしい。なにより何人ものつくり手から直接作品を買うチャンスだ。気に入ったら工房にも足を運んで、どんな場所で作られているか、どんな人が作ったのか、そんなことを知ってみると、改めてその器に愛着が湧いてくる。

今回は「第14回石垣島てづくり市」が同じく市民会館の展示ホールで開催されていて、こちらはアクセサリーなどのハンドクラフト作家からお菓子屋さんまで、さまざまなつくり手が出店。会場は終日満員電車みたいに人だかりができていた。こちらも定期的に開催しているようなので、旅の前にチェックしてみて。

ほかにも、白保集落の中にある「しらほサンゴ村」では毎週「白保日曜市」が開催されていて、地産のおいしいものをいただけたりする。ここでも地元の出店者と触れ合いながら買い物を楽しめる。島の人たちの多くはホスピタリティに溢れているから、恥ずかしがらずに話しかけてみてほしい。隠れたオススメスポットを紹介してもらえたりするかもしれない。だからぜひ、出会いの詰まった島のイベントに足を運んでみて。

◎問い合わせ／0980-82-1533（石垣市役所商工振興課内・石垣島やきもの祭り実行委員会）

地元の
"おいしい"に
出会えるよ

上／ふかふかのだし巻きたまご、マグロと島豆腐のポン酢蒸し、赤大根の甘酢漬け、白保産黒紫米。島の食材を使ったホッとする朝ごはん。下／気候が良ければ、海風が届く外の席で。

旬家ばんちゃん

しゅんやばんちゃん ● 石垣島

オーナーの坂東秀祐さん、公美さんとスタッフ。その表情から仲の良さが伝わってくるよう。

どこにもない朝ごはんで
旅の思い出を彩る

　古き町並みの残る白保集落。もう少し歩けば海にたどり着くその少し手前。一見すれば住宅だけど、その玄関を通り過ぎて回り込むと、そこに「旬家ばんちゃん」はある。落ち着いた店内の席も良いけれど、気候が良ければぼくは外の席に座りたい。目の前にある緑のトンネルを抜けて、心地よい海の風が吹いてくるから。そして朝ごはんを食べるのだ。

　使っている材料はごくシンプルだけど、見た目も、食感も、おどろくほどふわりとしただし巻きたまご。出汁が効いているから、口の中で溶けるようなのに、しっかりとした味わい。この集落で育てられた黒紫米は滋味深く、噛むほどに甘みが出てくるよう。そのほか島の旬の食材を使った朝ごはんは、どこか懐かしく、旅の疲れを癒すようなホッとする味だ。

　大阪で公務員をしていたという坂東秀祐さんは、料理が好きで、29歳にして専門学校に通い、料理人に転職。ちょうどその頃石垣島の大手ホテルがリニューアルに伴って料理人を募集していて、応募することにした。ダイビングで何度か旅をしたこともあったし、自然環境も気に入っていた離島へ。0歳の娘さんをつれて家族3人での移住だった。

　「来るまでは悩みましたけど、ちいさい子と離れるのもかわいそうなので、思い切って石垣島に来ました。でも住めば都で子育てには本当に良い環境だった。その娘が今年成人式なんです。周囲のみんなに育ててもらって本当にありがたいです」と奥さんの公美さん。

　ホテルでは洋食を作りながら、もっともっと丁寧に、島の食材を活かした料理をしていきたいと考えるようになった秀祐さんは独立することに。「人と違うことがやりたかったし、こんなところにお店が、というのも面白いかなって」（秀祐さん）。たまたま見つけた中古物件。シロアリがいっぱいで、天井も落ちてぼろぼろ。密林の中に家があるような感じから整えた思い入れの強いこの自宅を改装して、お店を始めることにした。

Shop data

☎ 0980-87-0813
🕐 朝食 8:30〜売り切れ次第終
了、ランチ11:00〜14:30(売り
切れ次第終了)
㊡ 不定休(電話にて要確認)
MAP P151D4

上／最後までお客さんを見送る公美さん。　下／ひと
つひとつ丁寧に焼き上げる、この店自慢のだし巻きた
まご。ぜひ熱いうちに食べて欲しい。

64

溢れる島への感謝と
貢献したいという思い

　ふたりと話していると感じるのは、「こ
の集落に越して来て18年。白保という
環境が私たちを受け入れてくれて、周り
の人に助けられて今に至ってる」という
感謝の思い。だからこそ、お店のことだ
けではなく、集落のこと、島のこと、そ
してこの島で暮らしていく若い世代への
思いが伝わってくる。

　もともと白保は「半農半漁」の集落。
この店で使っている黒紫米も、近所の農
家さんが作っているもの。農薬を使わな
くて済んだりと、うるち米を育てるより
もメリットのある黒紫米。それを美味し
く食べられるようにして広めれば、きっ
と農家さんの助けになる。「いま市場で
はこういうニーズがあるよって農家さん
にアドバイスしたり。ハネモノもうまく
うちで商品にしていけば収入になるし。
そういうことは常々考えています。みん
ながみんなのために、という形にできた
ら理想ですね」(秀祐さん)。都会へ出て
島に戻ってきた時、農業が、この店が、
その才能を活かす受け皿になれたら良い。

「ひとりひとりが良い個性を持っている
と思うし、いろんなものを見て経験して
帰ってきてるはずなのに、生かし切れて
ない現状がある気がします。だから、み
んながより輝けるようにしたい」。いま
まで助けてもらった恩を、そうやって返
していきたい。だからこそ、島の食材を
活用したり、商品を開発しようというふ
たりの向上心は、止まることがないのだ。
「石垣島に来てよかったなって、人の記
憶に残るような食事を提供したい」とい
う秀祐さん。この店に来るとどこかあた
たかな、清々しい気持ちになれるのは、
優しい料理と自宅のような雰囲気だけで
なくて、島への愛が溢れているからなの
だと、ぼくは思っている。

上／玄関を通り過ぎ、お庭を回り込んだ先に店の入り口は
ある。奥の緑を抜けるとそこには海。下／スタッフとの
チームワークも抜群で、店全体を和やかな空気が漂う。

牧場主のとっておき
絶景とハンバーガー

　絶景スポットというのはいくつかある
と思うけれど、それが自分だけの、とい
う場所だったらどんなに幸せだろう。石
垣島の北のほう、平久保にあるのが「展
望デッキ 心呼吸」。県道をそれて海の方
へ進むと、一気に視界が開けてくる。目
印は鮮やかな黄色のキッチンカーだ。そ
れは小高い丘のてっぺんに、ちょこんと
設置された展望デッキとともにある。見
回すと鮮やかな青をたたえた東シナ海が。
遮るもののないその景色は眩いばかりで、
いつまでも眺めていられそう。もちろん
夏にはパラソルが開くけれど、屋外だか
ら日焼け対策はお忘れなく。でも、風に
吹かれていれば、思ったよりもずっと快

展望デッキ 心呼吸

しんこきゅう ● 石垣島

適だ。そして眼下には広い牧場でのんびりと草を食む牛の姿が見える。

この島で父の代からの牧場を営む多宇司さんと明子さん。もともとこの場所は牧場内にある司さんのお気に入りの場所だそうで、考え事をしたい時などに来ていたそうだ。そんなとっておきの場所に、お店を開いた。

牧場には親牛が150〜160頭ほど放牧されている。母牛と子牛たちはひと月ほどこの場所でのびのびと過ごし、そのあと専用の牛舎へ。そしてブランド牛としての認知も広まった「石垣牛」となる。

そんな牧場の牛肉を使って提供しているのが「ハンバーガー」。「うちの牛は脂身がさらりとしてしつこくなく、いくらでも食べられるんです。それは、この島の気候風土で培われたものじゃないかな。

牧場が海沿いにあるからミネラルを多く取れるし、年中放牧しているからストレスも少ないです」と明子さん。たしかにしっかりとお肉の旨みを感じさせながら、シンプルでさっぱりとした食べ心地で、思わずおかわりしてしまいそうになる。

石垣島南部出身の明子さんでさえ、「自然が豊かで、北部に来ると安らぎますね」というほどの、広大な自然。「都会の人は心や体が疲れていると聞くので、リラックスして、良い空気を吸って疲れを癒してほしい」。そんな思いで名付けた心呼吸。お店を手伝う娘のしおりさんが、「心から」という意味を込めて、「深」を「心」に変えたそう。他にはない絶景を眺めてリラックス。それにおいしい食事もあるなんて。こんな場所との出会いがあるから、旅はおもしろいのだ。

Shop data

☎ 080-8373-1008　🕐 11:30〜16:30
🈡 無休(雨天休業)　MAP P151E3

島のおはなし ❷

01 *Sesoko's comment*
手づくり・無添加がうれしい

ゆきさんの黒糖ジンジャーシロップ 1080円

【ハワイアングロット／石垣島】

黒糖と生姜の風味がきいたシロップ。炭酸水やビールで割ったり、パンに塗って食べるのもおすすめ。波照間島産の黒糖と天然素材だけを使って作られたやさしい味わい。120ml。
☎0980-88-8638　MAP P150B4

02 *Sesoko's comment*
サイズもイラストもかわいい

黒糖MIXナッツ 450円
メープルナッツ 450円
スパイシーナッツ 450円

【光楽園／石垣島】

フレッシュジュースが人気の「光楽園」が作るオリジナルナッツ。一番人気は、波照間島産黒糖と石垣島産の塩をからめた「黒糖MIXナッツ」。ついつい手が止まらなくなるおいしさ。
☎0980-88-8731　MAP P150C3

島で見つけたこだわりの8選

とっておきの八重山みやげ
(((ぼくの)))

八重山は自然も文化も個性豊かな島ばかりだから、お土産だって多彩。自分らしいお気に入りを見つけてみて。

68

03 *Sesoko's comment*
パスタにもピザにもぴったり

島とうがらし ほっとオリーブオイル 702円

【石垣島海のもの山のもの／石垣島】

島とうがらしを漬けた調味料といえば「コーレーグース」だけど、こちらは辛味オイル。料理に数滴たらせば辛味と風味が広がる。石垣空港の石垣市特産品販売センターでも購入可能。65g。
☎0120-86-7757
MAP P151D2

04 *Sesoko's comment*
乗り継ぎ時に探そう！

島とうがらしみそ 720円
シークヮーサーこしょう 840円
パインコンポート 840円

【沖縄ファミリーマート】

離島の名産をWECKの小瓶に閉じ込めた「特産・離島便」シリーズ。沖縄ファミリーマート那覇空港ターミナル店などの一部店舗で限定販売。鮪たっぷりの「島とうがらしみそ」はご飯にぴったり。
☎098-858-2262（那覇空港ターミナル店）　MAP P157E2

05 *Sesoko's comment*
息子も愛用しています！

赤瓦シーサーハット 3456円〜
【Cu-co thinga-ra／石垣島】
（くーこ てぃんがーら）

八重山の赤瓦屋根をモチーフにしたチューリップハット。裏地は晴れた空のような鮮やかな水色。大人用から子どもサイズまであるので親子ペアでかぶるのもかわいい。
☎ 0980-87-0162　MAP P151D3

06 *Sesoko's comment*
伝統的でありながらカラフル

花織みんさ マスキングテープ 1350円
【みね屋工房／石垣島】

柄に「いつ（五つ）の世（四つ）までも、末永く」という意味を持つ伝統織物「みんさー織」。5種のテープを並べると、伝統的なみんさー帯の柄になるという粋なデザイン。
☎ 0980-83-0039　MAP P150B3

07 *Sesoko's comment*
手作り感に癒される

キャンバストートちんすこう 1000円
てぬぐい（ドラゴンフルーツ・アカショウビン）各1000円

【てぬぐい晒屋／石垣島】

島の自然や食べ物がモチーフの「てぬぐい」は、昔ながらの晒（さらし）に手彫りのハンコを押して作ったもの。「ちんすこう」が並んだかわいいトートバッグと一緒に持ちたい。
☎なし　MAP P150B4

08 *Sesoko's comment*
島のおじぃの手づくり

チビクバ笠 1300円
【雑貨さくら／与那国島】

八重山の伝統民具、クバ笠。これは手の平サイズのミニチュア版で、「アディマ」「ツッツァ」という2つの魔除けがついている。安全祈願で車にぶら下げている島の人も。
☎ 090-6858-9239　MAP P148A1

宮古島のさとうきび畑

朝の西の浜から見る池間大橋（宮古島）

池間島
いけまじま

半農半漁の島で、古くからの
風習も色濃く残る。池間大橋
周辺の海はまるで輝くような
ブルー。島全体が鳥獣保護区
になっているなど自然豊か。

Ikema-jima

Pantou

宮古島の泥を全身に
塗った来訪神・パー
ントゥ（P39）

伊良部島・下地島
いらぶじま　しもじじま

伊良部大橋が開通し、下地島空
港では2019年に旅客ターミナ
ルの開業も予定。海中の地形
がバリエーションに富みダイ
ビングも人気。渡口（とぐち）
の浜などの見どころも豊富で、
「soraniwa cafe and hotel」な
どオシャレスポットも増加中。

Irabu-jima

Shimoji-jima

来間島
くりまじま

橋を渡るとセンスの良いカ
フェや雑貨店が立ち並び、
その向こうには昔ながらの
集落が。自然そのままの長
間浜からは水平線に沈む夕
日が眺められる。

sango-shō

Kurima-jima

宮古の島々

青く輝くような美しい海と、素朴な風景に癒される

見る時々よってその濃淡や色合いを変え、
何度見ても感動する海のうつくしさ。
橋でつながった離島へ気軽に渡れるのも楽しみのひとつ。
ここに来れば、自然と、ひとに、癒される。

gajumaru

Miyako-jima

Miyako-Airport

宮古島

羽田空港、関西空港からの直行便もあって
アクセス良好。宮古空港に着陸直前に見
える海の青さには歓声をあげるはず。「東
洋一」とも言われる与那覇前浜（よなはま
えはま）ビーチなど、海の美しさが際立つ。
まだまだ観光地化されていない素朴さも残
る一方、絶景のカフェやセンスの良い雑貨
店など魅力的なショップも多く点在している。

1 ドライブで気持ちよく、離島巡りを楽しもう

宮古島は池間島、来間島、伊良部島・下地島がすべて橋でつながっているので、ドライブでアイランドホッピングを楽しもう。お気に入りはかわいいカフェや雑貨店が並ぶ来間島。絶景ポイントも多い伊良部島はショップやホテルが増加中の注目エリア。移動はレンタカーが便利。安全運転を心がけて。

宮古の旅 リアルアドバイス

旅をより楽しむための、僕なりの
ちょっとしたポイントを教えちゃいます。

2 宿泊は平良市街へ、気兼ねなく飲んで夜も楽しもう

宮古島の繁華街といえば「西里大通り」周辺。民謡が楽しめたり、島の食材がおいしくいただけるお店から、おしゃれなバーまでたくさん。車座になって泡盛を飲み交わす「オトーリ」も体験できるかも。帰りの移動を気にせずハシゴして。締めは「Pisara」が僕の定番。

3

ゲストハウスに
ロングステイ、
暮らすように旅しよう

安価で居心地の良い「ゲストハウス」には、旅人だけでなく、島の人が遊びに来ていることも。長期滞在していろんな人と交流を深めれば、島に暮らしているような気分に。ゲストハウス滞在後、実際に島に移住する人が多いのも頷けます。

営業日は事前にチェック
臨時休業に気をつけよう

宮古島に限らず、離島のお店の中には家族の事情などさまざまな理由で臨時休業するお店も。でも、それが島の日常。がっかりしないためにも、事前に営業日を確認しよう。訪れる前に、電話をして確認を取ると安心です。

4

5

とにかくキレイ!
海を満喫しよう

本島と違い、赤土が流れ込まない宮古島の海は澄んでいてとてもキレイ。日本最大級のサンゴ礁群の「八重干瀬(やびじ)」だけでなく、地形がバラエティに富んでいてダイビングスポットとしても人気。池間大橋の宮古島側の橋のたもと、下地島空港そば、与那覇前浜ビーチは、いつ見ても感動するぼくのお気に入り。

ぼくの宮古の旅
1日スケジュール

漲水御嶽
(はりみずうたき)

宮古島にやって来たら、まずは旅の無事を願って、島の神様にご挨拶をしよう。御嶽や拝所は島のいろいろな場所にある。どれも島の人にとってはとても大切な場所なので、汚したりしないように注意しよう。
→ P96

🕐 10:30

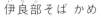
絶景ドライブ、

伊良部そば かめ

伊良部大橋で絶景を眺めつつ、伊良部島へ。民家を改装した居心地の良い店内。おすすめは沖縄そばとしては珍しくなまり節が入った「伊良部そば」。コシのある自家製麺と出汁の効いたスープがおいしい。
→ MAP P154A2

🕐 12:00

🕐 11:00

モジャのパン屋

のんびりめの朝ごはんにするも良し、小腹が減った時のために買っておくもよし。自家焙煎の珈琲豆などはお土産にも。オープン直後は行列が。売り切れ次第終了なので、早めに行くのが◎。
→ P86

🕐 14:00

猫の舌ビーチ

という名前を耳にしたことがあるけど、正式名称はよく分からない。来間島の来間大橋を渡ってすぐ右折し、坂を下ったところにあるビーチ。薄い青と、濃い青と、くっきりとした色合いがなんとも言えず気に入っている。
→ MAP P154C4

どこに行ったら良いか迷ったら、
例えばこんな1日はどうですか？

宮古牛のステーキ！

ビストロ ピエロ

漁師でもあるシェフが、島の食材を活かして作るフレンチは絶品。西里大通り周辺は、おいしいご飯屋さんがたくさんあるので、ハシゴするのも良い。「島おでん たから」（MAP P155E1）や「割烹 浜」（MAP P155E1）も好きな店。

→ MAP P155E2

Pani Pani
ぱに　　ぱに

真夏の日差しは強烈なので、少し休憩。冷たいスムージーで小腹を満たそう。ピタパンもおすすめなので、ランチにも利用できる。素足になって、風を感じて過ごせば、時間が経つのを忘れるよう。

→ P114

MIYAKO

🕐 15:00

🕐 19:00

🕐 16:30

来間島集落を散策
くり　ま　じま

竜宮展望台（MAP P154B4）で島を見渡した後は、車を停めて、集落を散策してみよう。何にもない、といえば何にもないけれど、それがまた良い。自然そのままの姿が美しい「長間浜」（MAP P154B4）は夕日スポットとしても人気。

→ MAP P154B4

🕐 21:00

Pisara

地元客が1日の終わりに通う居心地の良いバー。2軒目、3軒目に来る人が多いので、賑わうのは夜遅い時間帯。地元客が多いから、いろいろな出会いもあって楽しい。のんびり、旅を振り返るのも良い。

→ MAP P155F2

めぇ～んそ～れ

Seiko Sadoyama
佐渡山政子さん

30数年前、「宮古民話の会」の活動の中で地域の高齢者から聞き取った約2500話。このほどその中の100話をまとめた「宮古島の民話百選(上・下)」を出版。FMみやこで毎日放送される「宮古島の民話」監修。島の民話やことわざの収集、継承に努めている。

島の言葉に宿るもの

(しまんちゅインタビュー) # 宮古の人々のこころ

おじぃおばぁに話を聞き、録音し、方言を翻訳して、
2500もの民話を集めた「宮古民話の会」の一人、佐渡山政子さん。
「その豊かな想像力と胸にジンとくる言葉は、島の宝ものです」と話す。
聞き手/セソコマサユキ

昔の人の訓えが、今も息づく

　30年前に宮古島の民話と出会いました。伝承の世界が危ういと言われ出した頃で、「宮古民話の会」でおじぃおばぁの話を録音して2500話ほど集めました。その中に佐和田カニさんという方がいて、いつも話の終わりに「次はあなたが別の人に話を聞かせるんですよ」と言っていました。3年前に新聞社を退職して、カニさんとの約束を果たさないといけない

と思って、それから「宮古島の民話百選(上・下)」という形にまとめました。民話の世界は想像の世界ですから、卵から子どもが生まれたり、太陽の光を受けて女性が身ごもるなど、ありえない話がたくさんでてきます。昔の人の想像力の豊かさが感じられます。

　そして、ことわざも集め続けています。いくつか好きなものを紹介しましょうね。「うまりつかー んーな ゆぬとぅす」。これは「生まれたらみんな同じ年」という意味なんですが、同じ時代に生きている

時点で年齢も国籍も関係なく、みな平等だということ。世界中の人が仲良くなってほしいという想いからです。「いつのういびゃー　うつんかいどぅぶらい」。これは5本の指は内側にしか折れない、という意味で、変わらないこと、つまり結束の固さを表しています。そして一番好きなのが「すでぃぐる　ばっし　がーす」。抜け殻を忘れたセミ、ということなんですが、セミは脱皮したら抜け殻のことを思い出さないですよね？　それを例えて、恩知らずの人を戒めるために作られたことわざです。恩に対する感謝を忘れないで、ということだと解釈しています。このように胸にジンとくるような言葉がたくさんあるんです。宮古島には昔の人たちの訓えが今でも息づいています。その訓えを、少しでも伝えられたらいいなと思っています。

　竜の親子の物語の舞台となった保良元島（ぼらもとじま）など、民話の中で語られた場所が実際にあるので、いつかそうした場所をめぐる旅を企画したいですね。それによって、また違った宮古の魅力が見えてくるんじゃないかな、と思って。

①ゆがたいとは「世語り」のこと。「宮古民話の会」で第5集まで出版した。　②約2500話の中から100話を上（2013年）、下（2015年）にまとめた「宮古島の民話百選」。　③民話の舞台にもなっている保良泉のビーチ（MAP P155E4）。

佐渡山さんの自宅にてインタビュー。「海の見えるカフェでのんびり過ごすのが私の気分転換法です」と笑う佐渡山さん。息子さんは島カフェ「とぅんからやー」を営む。

変わっていく島の風景。
旅先の豊さについて

八重山入域の観光客数は2016年には120万人を超え、いまも増加中。石垣島が空路で香港や台北（チャーター便）と繋がったり、クルーズ船の就航もあって外国人旅行客が大きく増えている影響もあるけれど、国内からの観光客も増えている。それに伴う開発の波が押し寄せていて、島を巡っていると工事中の風景をよく目にするようになった。

　たとえば2015年に伊良部大橋が開通するまで、宮古島からフェリーで渡るしかなかった伊良部島。それだけにお店の数も少なく、とても素朴な風景が残っていたのだけれど、様子が変わってきた。橋がかかって訪れる人が増え、今後は隣接する下地島の空港に旅客ターミナルが建設されるという

宮古島周辺でも屈指の海の美しさを誇る下地島空港周辺。

84

上／白保集落に入るとすぐにある
地図。中／カメラを構えたくなる
のは島の何気ない風景。下／タイ
ムスリップしたかのような竹富島。

話もあって、海岸沿いは開発ラッシュ。下地島空港脇の海は、地元の人が「宮古島周辺で一番」と言うほど海がきれいな場所だから、どんな変化が待っているのか少し不安になる。伊良部島へ渡るカーフェリーには車をバックで隙間なく入れなくてはいけなくて、スタッフのおじさんに案内されながらギリギリまで幅寄せするのがいつもドキドキで、それがかえって良い思い出だったりしたんだけど、橋ができたことでそういった体験もできなくなってしまった。

　便利になることはもちろんありがたいけど、ときに少しの寂しさを伴う。石垣島の白保集落のリゾートホテル開発では住民の反対の声も上がっている。工事を見かけるたびに、ぼくらは旅先に何を求め、旅先の町にとってなにが豊かなのかということをいつも考えさせられる。もちろん暮らす人の総意として観光地化し、経済発展していきたいのならそれも良いだろうけど、そうでない場合、観光客が快適に過ごすためだけの開発が本当に良いことなのか、疑問に思ってしまう。ぼくは、どこかと同じような風景よりも、その土地ならではのものに出会いたい。離島を旅したら、その島の文化や人をありのままに感じたい、そんなふうに思う。

どこにでもありそうで、
どこにもない風景を探す。

モジャのパン屋

もじゃのぱんや ◀ 宮古島

上／お店から顔を出すモジャさんと奥様の直美さん。この笑顔に会いに来るお客さんもたくさん。 下／店内に置いてある赤いポット。自家焙煎のコーヒーもこの店の魅力のひとつ。

やさしい味わいのパンから
生まれる、島の暮らしの風景

　宮古島に行くといつも顔を出すパン屋さんがある。うつくしい海もそうだけれど、ぼくにとっての「宮古島らしい風景」のひとつが、ここにあるから。白い壁に淡いグリーンのドア。11時のオープンの頃にはお客さんの列ができ、焼きあがったばかりのパンを買い求めて行く。それは観光客だけでなく、作業着を着たおじさんたちや、ちいさな子どもを連れたお母さんに、友だちに持って行くというおばぁまで、本当にいろいろな人たち。お店の前には1組のテーブルがあって、ぼくはそこでパンを頬張りながら、コーヒーを飲んでいく。朝ごはんというにはちょっと遅めだけど、そんなゆっくりとした1日の始まりも悪くない。

　場所は宮古島市役所のほど近く。午後になれば学校帰りの子どもたちが通り過ぎる。ピンクの壁が印象的な「スーパーなかそね」や、宮古そばの「くになか食堂」。裏手には知る人ぞ知る天ぷらの店「まりも」なんかがあって、ここに座っているだけで、宮古島の暮らしを垣間見

れるような気がするのだ。

　「モジャさん」こと、室上智宏さんが兵庫県からやって来て、この場所にお店を開いたのが5年ほど前のこと。オープン当初は「パンを焼き終わったら、ずっとお店の前でウクレレを弾いていました 笑」というぐらい暇だったそうだけど、いまではお昼すぎには売り切れてしまう日があるほど。「宮古島の人はやさしいから、いちど食べて美味しいと思ったら、翌日にはすぐ友だちを連れて来てくれたりするんです」。シンプルだけど、もっちりとしていてほのかに甘い「まるぱん」。くるみやチョコ、レーズンの入ったものや、フランスパン。自家焙煎のコーヒーも忘れずに。

上／実は島の人に一番人気だという「まるぱん」。
下／もくもくとパンを焼くモジャさん。オープン
直前に、すべてのパンを並び終える。店内に漂う
のはパンとコーヒーの幸せな香り。

上／焼き上がったばかりのまるパン。ころりとした表情がなんとも言えずかわいらしい。　下／満面の笑顔で接客する直美さん。すっかりモジャのパン屋の「顔」に。

ふたりで営むことで
変わること、変わらないこと

昨年の春頃、この店に変化が訪れた。それまでモジャさんはパン作りから販売まで、すべてひとりでこなしていた。「とにかくお客さんをがっかりさせたくないので、昨日より美味しくっていつも思っています」。だから納得いく焼き上がりにならなければ、お店を休みにしてしまうほどのこだわりようだった。

その変化とは、他の仕事や子育てに従事していた奥さんの直美さんが加わったこと。モジャさんは職人肌の人だから「この空間に他の人が入ってくるのが嫌だったんですよね」という思いもあったよう。直美さんとしても「モジャあってのモジャのパンだから、それを変えてしまう怖さはあった」けれど、いざふたりで働く姿を見てみたら、「よくケンカもするんですけどね」なんて冗談を言いながら、

楽しそうに作業を進めている。パンを焼く量は少し増え、販売を担当するようになった直美さんの笑顔に会いに来るお客さんも増えてきた。そうそう、いまではアイスコーヒーの仕込みも直美さんが担当だ。以前飲んだ時はしっかりと深みのあるキリッとした味わいだったけど、この日飲んだアイスコーヒーは、どこか丸みが出ているように感じた。

そしてもうひとつ直美さんが加わる時に約束したこと。突然お店を休みにしたりせず、必ず定時に開けること。当たり前のことではあるけれど、時間にルーズなのは離島のお店では時折あること。だからこそあらためてちゃんとそこを意識するようになったというのは、お店としてとても素晴らしいことだと思う。

だからいつでもちゃんとそこにはモジャのパン屋はあって、パンを受け取る人を次々に幸せにしていく。それはまるで、この島の笑顔を生むちいさな装置みたいに。

Shop data

☎090-3977-6778　🕐11:00〜売り切れ次第終了
休月・日曜　MAP P155F1

左／パンには島で唯一の牧場「宮星牧場」から直接仕入れ、自分たちで低温殺菌した牛乳を使っている。右／パッケージのかわいさもこのお店の魅力。新聞に包まれているのはフランスパン。

Atelier 和毛 ✋

あとりえ にこげ ◀ 宮古島

のんびりと過ごしたくなる、ちいさな島のアトリエ

「和毛(にこげ)」っていうのは何かの造語かと思ったら、産毛などの柔らかい毛を意味する言葉らしい。そのニュアンスと、響きがかわいくてお店の名前に選んだのだとか。店内には島内外から集められたガラスや器、雑貨などが並ぶ。「気になった作家さんのものを、必ず会いに行ってお話してから置くようにしています。だから、どこの人ということにはこだわっていないけど、必然的に近くの人が多いかもしれません」。

選ぶ基準は「直感」。作品を気に入って、実際に会ってみると「あぁ、この人が作ってるんだな」と納得がいくのだそう。そういう出会い方をしたものは、長く付き合っていける。「あんまり大げさなものじゃなく、生活に寄り添えるものが好きです」。

以前入居していた人気の革職人さんのお店の移転が決まったとき、店主の村田亜喜代さんはたまたまこの場所に来ていて、そのお店がなくなってしまう寂しさを感じていた。それからしばらくして、絵描きである村田さんはアトリエを探していたこともあって、この場所を受け継ぐことに決めた。その革職人、山口県に移店した池間さんはとても大柄な人だったから、彼が作った什器は亜喜代さんにはちょっと大きい。「隣の店のパンとコーヒーを買って、お店に持ち込んでもらって全然いいんです。そういう場所が作りたかったから」。絵もお店も人見知りな自分にとってのコミュニケーションツール。お気に入りの大きめなカウンターの向こうで、亜喜代さんは絵を描いたり、お客さんに声をかけたりと、居心地よさそうにいつも微笑んでいる。

左／かわいらしいガラスのモチーフは岡山県の安達知江さんの作品。右／お店の前には手作りの看板が。ちょっとそっけないぐらいがちょうど良い。

上／アトリエ兼雑貨店、だけどいつもカウンターには亜喜代さんとおしゃべりを楽しむお客さんがいる。　下／沖縄本島にある「奥原硝子製造所」のカップや水差し。

島の暮らしの中で見えた
大切にしたいこと

　もともとは熊本の出身。美術の先生として赴任してきたのがきっかけで宮古島にやって来た。その後、何度か内地と行ったり来たりを繰り返したけど、やっぱり宮古島が気に入って、ここを暮らしの場に決めた。「どこに行くにも近いし、サイズが自分に合ってたんでしょうね。最初は少し窮屈な感じもあったけど、いまは慣れました」。

　島にはあんまり余分なものがないので、自分にとって何が大事なのかがよくわかるという。以前は都会的な、刺激のある暮らしの方が飽きなくて楽しいんじゃないか、なんて思っていたこともあるけれど、宮古島に来てその思いは変化した。今日があって明日がある、そういうあたりまえのことが実はとても大事だということ。続いていく、ということがどれだけ貴重なことかに気づく。

「去年来てくれたお客さんが、今年もまた来てくれたり、昨日、買おうか悩んでいたお客さんが今日買いに来てくれたり、そういうのがいいなって思うんです」。このお店が和毛のように思わず触れたくなるようなやさしさを持っているから、人はここに来たくなるんだろう。日が暮れたらお店を閉める。そのあとトゥリバー海浜公園に愛犬のカフーと散歩に行く。そこは芝生が綺麗で海が見える、宮古島らしくて好きな場所。「1日の終わりがその場所だと、すごく良いです」。

カウンターの奥にはいつも愛犬のカフーが。夕方頃にはそわそわ。お店を閉じてからの散歩がふたりの日課。

Shop data

☎ 090-9787-1232　🕐 13:00〜日没まで　休 月・日曜　MAP P155F1

P92／宮古島に来てから描くものにも変化が。島の植物を、やさしいタッチで。 右／暮らしに寄りそう、さまざまな作品が並ぶ。奥に見えるのは石獅子。

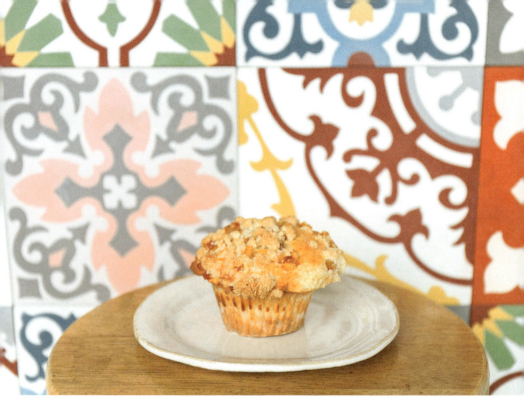

Island sweets Cona ☕

あいらんど すいーつ こな ◀ 宮古島

食べる人を笑顔にする
南の島の、粉のお菓子

　店主の宮国さやかさんが母親からいつ
も言われていた言葉がある。それは彼女
にとって"ちょっとした座右の銘"なんだ
けど、「このお店が人から愛される理由
はなんだと思いますか？」と尋ねた時に、
うーんと少し悩んだ後、はにかみながら
その言葉を教えてくれた。「『いつも笑顔、
いつも感謝』。そういう気持ちが、お菓
子から溢れてるからじゃないかな」。

上／こんもりとした姿が可愛らしいオレンジ
クランブルのマフィン。下／毎日メニュー
が変わるので「飽きない」ことも人気の理由。

左／スタッフのゆかさん（左）とさわのさん（右）と。みんな笑顔で賑やか。 中／人気のリリコイバターはこの店の看板商品。発送もできるのでお土産にも。 右／「キウイと白餡のクランブルケーキ」。

Shop data

☎なし ●11:30〜売り切れ次第終了
㊡月・火・日曜　MAP P154C3

　店名の通り、ここはスコーンやマフィンなど、粉物のお菓子を中心としたスイーツのお店。毎日店頭には30種類ほどのケーキや焼き菓子が並び、15時頃には売り切れてしまう日も。宮古島のパッションフルーツで作った「リリコイバター」が人気で、夏にはお土産に何十個と買っていく人もいるんだそう。

　「1日中ずーっと考えてます。この食材とこの食材を組み合わたら美味しいだろうな、とか、ずっと考えてる。そういうことが大好きなんです。できるならケーキ作りばっかりしていたい。メニューは毎日、全部違います。なのですごい楽しいです。ぽんぽんアイデアが浮かんでくるので、その日に決めてます。タルト系は前日、スコーンとマフィンは当日に作ってます」。

　そんなことを、本当に楽しそうな笑顔で話してくれる宮国さん。取材中も次から次へとお客さんがやってくる。会話をしながら、翌日の仕込みをしながら。いろいろなところに気を配りながら、そう

やってキビキビと動き回る姿は、10歳の双子と5歳、2歳の兄弟のお母さんだからなせる技だろうか。チーズケーキに宮古味噌を入れてみたり、白餡とキウイを合わせてみたり、日替わりだからなのか、そのレシピも少しユニークだ。

　子どもの頃、お母さんと一緒に本に載っているお菓子を手当たり次第に作っていたという。大人になって東京で美容師をしていたけれど、お母さんが病を患い宮古島に戻ることに。食べることを楽しみにしていたお母さんのために、アップルパイを作ったのがお菓子作りを再開するきっかけ。それからは叔母が営む食堂にシフォンケーキやマフィンを置かせてもらったり、イベントに参加したりしながらお菓子作りに励む日々。7年ほど店舗を持たずに活動を続け、2015年にもともと床屋さんだったこの物件で初めてお店をオープンした。conaのスイーツには、家族を思うような優しさと、南国らしい華やかさ、そして食べる人を笑顔にする力がある。

神様と人間がつながる信仰の場所

島民が大切にする祈りの場
御嶽で神様にご挨拶

挨拶から始める、っていうのは誰もが知っていること。
だから島に来た時も、まずはちゃんと挨拶から始めよう。
そうすれば、事故なく過ごせることはもちろん、
天気に恵まれたり、少しだけ良いことが起きるかも。

島の人でなければ気づかなそうな場所
にも、拝所が佇んでいることが。

「お邪魔します」の気持ちで

　離島に限らず沖縄には「御嶽」という拝所があって、人々は
古くからそこで神や祖先に祈りを捧げてきた。有名なところで
いうと、世界遺産にも含まれている沖縄本島・南部の「斎場御嶽」
など。もちろん斎場御嶽のように観光地化されていたり、立派
な御嶽ばかりではなくて、森の中や川のそばなど自然の中にひ
っそりと石碑や石積みがあるような、地元の人でなければ知ら
ないようなものもある。
　川がなく水が貴重だった宮古島では大和井（井戸）や来間井は、
ただの井戸ではなく、その場所自体が拝所のようになっている。
たとえばぼくは宮古島に行くと、まずは「漲水御嶽」（MAP

P155E1）に立ち寄って、島の神様にご挨拶するようにしている。うちなんちゅの友人から聞いたのは、「名前と住所、干支」を心の中で名乗ること。その後に、旅の無事や仕事の成功をお願いするのだ。そうすると、天気予報では雨でもご挨拶した後の撮影では晴れ間が見えてきた、なんてことを何度も経験している。伊江島の阿良御嶽も旅の無事を祈願する拝所として知られているし、地元の人に聞いてみると最初に立ち寄るべき場所を教えてくれたりするので、まずは「お邪魔します」とご挨拶してから島を旅させてもらうのが良い。実際にお祈りしてみると、雲の切れ間から急に日が差してきたり、蝶が出てきてひらひらと舞ったりすることがあるんだけど、それは「歓迎のサインだよ」と誰かが教えてくれた。

Harimizu-Utaki

平良港のそばにある「漲水御嶽」。宮古島創造の神話や伝説の舞台。

「これが今の僕のすべてです」

プレーン
ドーナツ
150yen

ニンギン商店

にんぎんしょうてん ◀ 宮古島

ドーナツみたいに丸く
人をつないでいく

「これが今の僕のすべてです」。見た目よりもずっとずっしりとしていて、ほどよいしっとり感。じわっとくるようなほのかな甘みが、コーヒーによく合う。でもニンギン商店のプレーンドーナツの値札には、味や材料の説明なんて一切なくて、この言葉が書かれていた。すごいな、って思った。そう言い切れることが。

高江洲てるゆきさんは考える人だ。い

つも訥々と語り、思慮し、人の話を聞く。息子さんが大好きだというドーナツを作ると決めてから、いくつも試作した。思った通りの食感が出せなくて、「ドーナツを作るのが怖くなった」時もあったそう。それでも奥さんの由樹子さんと一緒に改良を重ね、この味にたどり着いたのだ。だからこそ、あの値札がある。由樹子さんにおいしさの秘密を尋ねたら「やさしさがすごい詰まってます」と、きっぱりと言って笑った。

オープンして2年足らずだけど、お昼

MIYAKO

P98／豆腐とおからを使った焼きドーナツだから、さっぱりとしていていくらでも食べられそう。上／ちいさなちいさな店内。ハンドリップのコーヒーを待ちながら、てるゆきさんと会話を楽しむ。

を過ぎる頃まで絶えずお客さんがやって来る。目の前は大きなシーサーのある公園で、お母さんたちは子どもを遊ばせつつ、コーヒーとドーナツを楽しむ。高台にあって見晴らしが良いけど観光客は少ない隠れた人気スポットだ。

「人の相談に乗るのに向いていると思っていて、聞き手になれる。だからか話に来る人が多い気がします。そうやって訪ねてくれた人を、また別の人に紹介したり、つなぐ役目がこのお店でできたらいいな、と思っています」。

コーヒーはハンドドリップで丁寧に。少し時間はかかるけど、その待ち時間も愛おしくなる。

Shop data

☎090-8400-0217　🕙10:00～売れ切れ次第終了
休日曜　MAP P154C3（2018年5月移転オープン予定）

お店を営むことで、
守れるものがきっとある

　沖縄本島の出版社で営業職をしたり、ソーシャルワーカーとして働いてきたてるゆきさん。お店は子どももいて、30代で初めてのチャレンジだった。その時の由樹子さんの言葉が力強い。「もう是非やってくださいと思いました。仕事って、生きる中でずっと付き合うもの。好きなことじゃないと、仕事が苦しくて人生も苦しくなっちゃう。好きなことをやったら、みんなが笑顔になれるから」。そうやって背中を押し、ともに歩んでくれた。いつか、と思っていたカフェを営む夢はそうして実現した。

　島で、夫婦でお店を営んでいる人は移住者も多く、ふたりとも宮古島出身というのは実は珍しい。だからこそ、思うことがあるとふたりは語る。「急激に変化しているなかで、伝えていかなきゃいけないことがあるんじゃないかな、と思うんです。お店をやって生計を立てることが、島で生きるひとつの選択肢としてあるということ。新しいものを増やすばかりじゃなく、地元の人たちが仕事を生み出して暮らしていく、そういうことも大

上／お店の目の前には、大きなシーサーの滑り台がある公園が。下／訥々とマイペースなてるゆきさんと、感覚的で、明るい笑顔が印象的な由樹子さん

切だと思っているんです。そうすることで、守られるものがきっとある、そう信じているから」。

　実は急遽、2018年の3月をめどに、意図しない移店をせざるを得なくなってしまった。「いままでは点でものを考えていた部分があって、なにか問題が起きるとその度に思い悩んだりしていたんですけど、なにがあっても今は今で良いし、それがきっと先につながっていくと信じられるようになったんです」。てるゆきさんは「歴史歴史」と呟いて、ふわりと山も波も乗り越えていく。それもこの店の歴史の一部。建物が変わっても、この店の魅力は、なにも変わらない。

上／店内のカウンター席で食べていくこともできる。下／公園の前に静かに佇む店舗は2018年5月に2軒お隣に移転。

上／無農薬、無肥料で野菜を育てる「スマヤナチュラルファーム」で自ら収穫して野菜を購入。千嘉子さんの好きな時間。下／宮古島のそば粉で作るガレット。オクラやうりずん豆、宮古ぜんまいなど島の食材がたっぷり。

島野菜デリ じゃからんだ

◀ 宮古島

色鮮やかで、ボリューム満点 島の自然をそのままに

　とにかく「華やかだな」と思ったのが第一印象。それからボリュームもあって、具材が大きいこと。それはヴィーガンだったり、グルテンフリーだったり、素材を限定する料理なんだけど、そんなことは食べてる時にほとんど気にならない。お皿の上で野菜が喜んでいるのが伝わってくるような見た目の楽しさがあっ

上／鮮やかな赤い色をしているのは島で取れたローゼル。下／以前、「福木カフェ」（P110）を営むあやさんと一緒に作ったレシピ本「宮古島の島野菜ごはん」。

て、男子だってがっつり食べられる。それが宮古島で「島野菜デリ じゃからんだ」を営む小原千嘉子さんの料理だ。

　島野菜・島そば粉を使ったカフェ営業と、毎月「島やさい料理教室」を開催。料理教室では畑で自分が食べたい分の野菜を収穫して、そのままお店で泥を落としてから料理する、なんて体験も。それと、結婚式などにケータリングに出向くこともある。お店が不定休なのは「私自身が、縛られるのが苦手なんですね。お店にだけいると、ロスやコストのことを考えちゃって自由度が減ってしまう。それに、毎日同じことをやるのが苦手。その時々の食材でメニューも変わるから、効率も良くないです」。

　出身は佐賀県。宮古島には19年ほど前に移住してきたのだそう。移住前に通ったマクロビや玄米食のお店が運営するスクールがちょっと変わっていて、玄米食のちょっと暗いイメージを払拭するような、新しい玄米食のあり方を提案していた。生徒たちはスクールを卒業するとお店に立つのだけれど、その時のメニューは自由。決まりごとといえば「色を全部使って作りなさい」と言うことだけ。4年弱滞在したオーストラリアの「わさっとボリュームのある盛り付け」も好きで、そんなことが千嘉子さんの料理の原点となった。

野菜はもちろん、野草も花も島の豊かな食材に魅せられて

食材はあたらす市場や島の駅みやこなどで購入したり、スマヤナチュラルファームで収穫させてもらったり、できれば島のものだけを使いたいと思っている。「年明けからまた野菜が増える時期になるので楽しみですね」と、笑顔に。

テキパキと料理をしながら、ぼくに説明してくれる。「パンケーキはそば粉と米粉、それに黒糖、ベイキングパウダーと豆乳で生地を作っています。島豆腐をクリームチーズのように仕立てたものと、先日行ったカウアイ島から持ってきたカカオを宮古島の蜂蜜に漬けたものを。最後に旬のローゼルを添えたら完成です」。料理をすることそのものが楽しそうで、ひとつひとつの食材を、愛おしそうに紹介してくれるのが印象的。「宮古島の野菜は味がしっかりしていて、食べた瞬間に元気になれそうな気がしますね。味も香りもあるし、見ていて楽しい。野菜が少ない時期もあるけど、野草や、食べられる花を見つけたりしながら、やりくり

上／オレンジの外壁が目印。でも実は台風で看板が飛ばされてしまった後。 下／料理をしている時は、特にとても楽しそうな千嘉子さん。

Shop data
☎090-1943-7941　🕐9:00〜15:30　🈺不定休（電話にて要確認）　MAP P154C3

するのも楽しいんです」。

宮古島に移住して19年が経つけれど、まだまだ知らない場所がたくさんあると、千嘉子さんは言う。「ビーチに犬を連れて散歩に行ったり、畑に行って野菜を収穫したり。散歩をした時に花を摘んで、食べられそうだなーなんて考えたり、そんなふうに自然に触れている時間が好きです」。そうやって自然と触れ合いながら千嘉子さんが島のあちこちから見つけてきた食材が、そのままの美しさでお皿に盛り付けられるなんて、この店の料理はなんて豊かなんだろう。

上／見た目以上の質感で、食べごたえも満点の
そば粉のパンケーキ。カカオとローゼルが彩り
を添える。下／淡いブルーの壁が印象的な店内。

港まで送りに来てくれた「casa VIENTO」の金城夫妻。

　普段の取材旅ではスケジュールをパンパンにして、取材が終わればホテルで熟睡、というのが常なんだけど、今回の宮古取材は少しスケジュールに余裕を持たせて、「流れに身を任せてみよう」と思っていた。

　最初の日は、「GUEST HOUSE nesou」（P118）へ取材。たまたま「びらふやー」として最後の営業日ということもあって、その日はお客さんも近隣の仲間たちも含めて大宴会。佐良浜港で宿を営む三線の達人よっしーさんや、伊良部島に移住して漁師になったすーさんに、シュノーケリングツアーなどを提供する「さしば〜の羽」を営むりゅうちゃんなどたくさんの個性的な人たち。そのりゅうちゃんが翌日に「海、連れて行きますよ」とメッセージをくれて、なんと初めて八

お店の前で、笑顔を見せてくれた「ぶどり商店」の聡子さん。

108

　重干瀬に行くことに。シーズン最後で波も高く、途中強い雨も降ったのでなかなかタフなツアーだったけど、それでも八重干瀬の海は本当に美しく、感動。透明度が高いから、海面に浮いていると空を飛んでいるような気分になる。

　そのシュノーケリングツアーでは、宮古島で「アジアンヒーリングShanti」を営むチハルさんと出会い、船を降りた後になんとなく体の調子を整えてもらっていたりしていると、「おもしろいお豆腐屋さんがあるんだけど、行く？」。翌朝、その「石嶺とうふ店」で豆腐づくりを見学させてもらっていると、店主の奥さん・洋子さんが「あなたはいまエネルギーが余っているから、ちゃんと使いなさい。沖縄には"あふりの裕"という言葉があって、余った富は人に分けるの」と、ぼくに教えてくれた。まったく想像もしていない展開だったけど、人の繋がりに導かれてここにきて、きっとこれは今のぼくが聞くべき言葉だったんだろうな、そう思った。そして朝の光の中、でき立ての豆腐をいただいた。時には予定も立てず、流れに身を任せてみよう。思いもかけない出会いに恵まれることがある。それも、島旅の魅力だと思うから。

上／沖縄の唄が心地よく響いた伊良部島での夜。 中／「kainowa」の川初真さんと純子さん。いつも二人に癒される。 下／不思議な導きでたどり着いた「石嶺とうふ店」。

福木カフェ・商店

ふくぎかふぇ・しょうてん ◀ 宮古島

こちらはケンさんの作品。愛嬌のあるシーサーの表情と、「なんくるないさー」のひとことに和む。

ビーチへと続く道の途中
福木の木陰のカフェ

　宮古島の中で人気のビーチのひとつ、「砂山ビーチ」に向かう途中。左手に見えてくるのは空にすっくと伸びた福木の木。淡いオレンジの平屋があって、それがケンさんとあやさんが営む「福木カフェ・商店」。ふたりはもともと絵描きでアーティスト。自分たちの絵を販売する場所を作りたいと物件を探していた時に見つけたのが今の場所。箱は大工さんに作ってもらって、店内の壁や外壁にペンキを塗ったり、棚や床を作ったりと自分たちで作り上げた。「絵を描くのとペンキ塗りはやっぱり違いますね。難しかった」とあやさんは笑っていたけど、その色使いからはやっぱりアーティストならではのセンスが感じられる。「絵だけ売

っていてもお客さんは来ないと思うし、もともとカフェで仕事をしたり、料理や人と話すことも大好きだから、人が集まる場所になったらいいなと思って」。カフェと商店というスタイルで、2017年12月にオープンした。

　ケンさんは宮古島の出身。那覇でゲストハウスやギャラリーを営んだり、国際通りで絵を売ったりしたあと、6年ほど前に宮古島に戻って来た。「自分の"根っこ"に戻ろうと思って。海はきれいだし、人は気さくでフレンドリーで良い場所だしね。それに作品に使う材料もたくさん落ちてるし 笑」。主なモチーフはシーサー。絵を描いたり、浜辺で拾った瓦を土台にしてシーサーを作っている。ひとまずお店はオープンしたけど、敷地内に小屋を作ってTシャツの販売スペースにしたいとか、ツリーハウスを作りたい、とか、やりたいことはまだまだたくさんあるよう。この建物はきっと二人にとってはキャンバスなのだ。これからも時間をかけて変化していく。それはどんな作品になるんだろう。

P110上／カウンター奥には自作した棚に食器類が効率よく配置。下／ゴーヤーのTシャツや野菜のポスター、トートバッグなど、お店を始めるにあたって商品化したもの。宮古島のカラフルな野菜たちが印象的。左下は知人のアーティストにオーダーして作ってもらっている「福木の葉」のイヤリング。

上／オリジナルハーブティーのパッケージもあやさんのデザイン。 下／カウンターでおしゃべりするあやさん。絵を描くのは「営業時間が終わってからかな？」。

Shop data

☎080-5860-4084　🕒11:00〜日没まで　㊡水曜
MAP P154C2

想像の中にあるような
色とりどりの島の野菜

　一方のあやさんは東京出身。横浜で暮らしたあと、旅行で宮古島にやって来た。その頃に妄想して描いていた植物とそっくりの植物や野菜が宮古島にあることを知って、もうそれだけで大興奮。離島のような小さなコミュニティは、一度入っていくと芋づる式にどんどん人と繋がっていったりする。だから「勝手にこの島に縁があると思い込んでしまって」移住したのだ。移り住んでみると、ほかに絵を描く人が多くないこともあって、「うちの看板にイラストを描いて欲しい」「チラシを描いて欲しい」とどんどん依頼されるように。もとは好きで描いていただけで仕事ではなかったから、それだけで嬉しくて、とにかくなんでも引き受けていた。「沖縄の野菜って独特じゃないですか。見てるだけでわくわくしてしまって描くようになり、それがきっかけで料理もするようになって」。

　だから描くのはもっぱら植物、野菜。でもそれがカラフルで、切り取り方に個性があって、見ている人に元気をくれる。お店を始めるにあたって、Tシャツやトートバッグ、レターセットやマグカップなどの商品を作ってみた。どれもお土産にぴったりだ。

　実はぼくが訪ねたのはオープン前だったから、メニューがまだ決まっていなかったけれど、米粉パンのサンドイッチにドライカレー、ボリュームのある宮古島の野菜のサラダ、それに島の素材を使ったスムージーを出したいとのこと。さてさて、オープンしたからまた行かなきゃね。

上　福木と大きな看板が目印。ビーチの前に立ち寄って。 下　あやさんの絵が印刷されたポストカード。大胆な構図が見ていて楽しい。お土産にも最適。

上／サラサラの砂が気持ちよくて、思わずサンダルを脱ぎたくなる。下／植物が生い茂る店内を、時に涼やかな風が通り過ぎていく。

Shop data
☎ 0980-76-2165　🕐 10:00〜LO16:00　🈂不定休
（12月〜2月は冬期休業）　MAP P154C4

右／いつも爽やかな笑顔で応対してくれる店主の関口さん。　左／見た目の色合いも鮮やかな「ドラゴンバナナシェイク」はこの店の人気メニュー。

Pani Pani ☕

ぱに ぱに ◀ 来間島

木漏れ日と頬を撫ぜる風、素足で自然を楽しむカフェ

　履いていたビーチサンダルを子どものようにポンっと放り出す。まるでビーチのような白いサラサラとした砂が、素足に心地良い。きらきらとその砂の上で木漏れ日が遊ぶ。風が吹いていることが多いから、日陰にさえ入ってしまえばわりと過ごしやすかったりする。宮古島に暮らす人でさえ「あそこは特別だよね」と、癒されに行くカフェがある。「東洋一」とも言われる与那覇前浜ビーチから見える橋を渡り「来間島（くりまじま）」へ。島へ入ってすぐの右側にあるのがそのカフェ「Pani Pani」だ。

　オーナーの関口正明さんが移住してきたのは21年ほど前のこと。農家のアルバイトをして暮らし、ある時不動産屋に紹介してもらって出会ったのが海のそばのバナナ畑。この場所を、コツコツと切り開き、3年間かけて自分たちの手でカフェを作ったのだ。カフェといってもそこはまったくの屋外だから、毎年のように宮古島を通り過ぎる台風に育てた木が倒されたり、塩害で野菜やハーブがダメになったりするけれど、関口さんはめげずにまたこの「場」と向き合う。そして電線ドラムにパラソルを立てたテーブルが3つあっただけのカフェは、緑豊かな木漏れ日の揺れるうつくしいカフェになったのだ。3月や11月頃など少し風が涼しく感じられる時も良いけれど、台風シーズンがやってくる少し前、強い日差しの中に緑が力強く立つ頃が、もしかしたらPani Paniのベストシーズンかもしれない。お店の奥には関口さんが大切にしている植物たちが生い茂っている。

　海を眺めたあとにここでのんびり過ごし、時間があればカメラを持って集落を散歩する。そうやって過ごすこの島の、夕暮れ時がなんとも言えず好きなのだ。

島のおはなし ❹

116

心に響く、島の唄

唄うことで、島のことばと、島の心を継いでいく

どこまでも響いていきそうな澄み渡る声。宮古島出身で、
島の古謡・民謡を唄う與那城美和さんは、そこに込められた
島の心を、届け、共有し、残していきたいと思っている。

聞き手／セソコマサユキ

会話では残せない言葉を、唄で残す

　2016年11月にオープンした「喜山」（MAP P155F1）とい
うお店で、宮古島の民謡を唄っています。ほかの歌は唄わない。
それで宮古島を感じてほしいから。自分もどこかへ旅に出かけ
たら、食べ物にしろなんにしろその土地のものを体験したいし、
どこに行っても同じ、というのは好きではないんです。いまは
宮古の人でも民謡をあまり唄わなくなっていて、方言や歌詞の
意味がわからない、という人も増えている。民謡は本来、暮ら
しの中で生まれ歌い継がれ、少しずつ変化してきたもの。宮古
の人にもっと唄ってほしいという思いがあるんです。

　母が宮古舞踊をやっていて、民謡をよく唄っていたこともあり、私も好きになりました。同級生がアイドルにきゃーって言っている時に、私は沖縄芝居や舞踏にときめいていたんです 笑。一度は東京に出ましたが、きちんと学びたくて宮古島に戻り、母の勧めもあって古典から学びました。古典は型にハマるもの。民謡はそこから溢れ出たもの。型にハマるっていうのもすごい気持ち良いんですよ。民謡は自由に唄えるから唄い手によってサグ（コブシ）があるのが良いですね。古謡っていう存在を初めて知った時には、宮古にこんな素晴らしい唄があるのかと思ってびっくりしました。古い音源を聴きながら、いまも学んでいます。宮古島の人はちょっと恥ずかしがり屋さんですかね。表に出たがらない感じはあります。でも一言二言、会話をすればすぐに打ち解けられるのが魅力だと思います。

　民謡の歌詞に「ミャークトゥナギ」という言葉があります。昔の人は島の外に行けないから島がすべてで、自分たちの命と島の命が同じという感覚。私の解釈ですが、私たちは島と共にあり、島がある限り生きていける。だからこそ島のことを大切にしようと言う想いのこもった言葉だと思います。そんな宮古島の美しい言葉を残していきたいんです。開発もあって環境も変わっていくけど、唄を通して宮古島の魅力を伝えていきたい。

①来る人は「ちゃんと挨拶してほしい」という漲水御嶽。　②「信じられない色をしている」下地島の海。　③お気に入りのカフェは同級生が営む「畑KITCHEN（バリキッチン）」（MAP P155D3）。

Miwa Yonashiro
與那城美和さん

唄い手。琉球古典民謡の野村流伝統音楽協会の与那覇寛仁氏に師事。2013年に「宮古島を唄う～かなすあーぐ」をリリース。現在は島内の「島唄居酒屋 喜山」にて島唄を披露しながら、宮古の民謡や古謡の研鑽に努めている。

旅人たちが行き交う、
集落の中のゲストハウス

実はぼくが訪れた日は、この宿にとってメモリアルな日だった。諸事情があって変えることになった「びらふやー」という屋号の、12年間の最後の日であり、今シーズンの冬休み前の最後の営業日。だからこの日の夜はお客さんだけじゃなくて、漁師さんや別の宿を営む人、ダイビングのツアーを主宰している人など、近隣のさまざまな人が集まってきての宴会になった。たくさんの料理やお酒がテーブルに並べられ、賑やかに夜は過ぎていったのだ。そういう意味では、この宿にとっての非日常だったのかもしれないけど、一方ではびらふやーを象徴する時間だったんだろうとも思った。旅人も、島の人も分け隔てなく交流し、出会いを楽しむ。本当にさまざまな人が、それぞれの形でこの宿と関わり、その縁を大切にしている。宴の終わりに響いてきた三線とみんなの歌声に、そんなことを感じていた。

GUEST HOUSE nesou

げすと はうす ねそう ◀ 伊良部島

実を言うと、ぼくはそんなに頻繁にゲストハウスを利用する方ではない。日中出歩くから、夜ぐらいはしっかりプライバシーが守られてる方が良いとか、交通の利便性が良いとか、そんな理由でビジネスホテルに泊まることが多いんだけど、離島を旅することの醍醐味のひとつが、こう言う場所には確かにある。繋がった縁で、ガイドブックには載らない秘密の場所を教えてもらったり、旅のあとも交流が続くような友人ができたり。この宿に泊まることで、旅は深みを増していくのだ。それによって多くの喜びが生まれることを、この場に集まる人たちは知っている。

冬季休業中にアジアなどへ旅をして、現地で買い付けたり、生産したオリジナルの服も販売している。

P118／12年間この宿を見守るガジュマルの隙間から、夕日が差し込む。下／まだ日は暮れてないし、全員集合してないけど、何度でも乾杯。

変わりゆく島の、
変わらない場所

　もともと古い民家を自分たちの手で改装した宿だから、お世辞にもリゾートホテルのような設備や清潔感はない。もちろん宿泊料は格安だけど、立地だって集落の中で少しわかりづらい。それでも人がこの宿にやってくるのは、旅の出会いを求め、そしてオーナーである土橋雷太さんと文さんに会いたいからだと思う。ふんわりとした柔和なふたりはこの宿の居心地のよさそのもの。

　それぞれ兵庫県と熊本県が出身のふたりが、住まいを探しに沖縄を訪れたのが13年前のこと。ゲストハウスやキャンプ場を渡り歩き、本島から石垣島へ。そこで紹介されたのが伊良部島で宿を開くと言う人。会ってみると「お世話になっているユタ（民間の巫女）が、あなたを助けてくれる男女が石垣島から来てくれるよ、と教えてくれたの。多分あなたたちだと思うのよ」と。そんな不思議な縁もあって伊良部島へ。それは宮古島と橋がつながるずっと前。素朴な島が気に入って、ふたりは宿を営むことを決めたのだ。

　自分たちで歩き回って見つけた「怖気付くぐらいの廃墟」だった民家。クーラーの設置や水回り以外は自分たちで8ヶ月かけて改装。「せっかく遠くから来てくれるし、旅の醍醐味は普段出会えない人との出会いだから、集まってゆんたくして、出会いの場になる空間を作りたかった」。その願いはしっかりと叶えられた。島はいま観光開発の波が押し寄せ、変化の中にある。名前も変わったけれど、この宿が持つ人を引き寄せる力は、ずっと変わらないと思う。

Shop data

☎ 0980-78-3380　㉁12～2月は冬期休業　㉟2名
1室3000円～（1名）、ドミトリー2500円（1名）
MAP P154A2

左／たくさんの海の幸が振舞われたこの日。手巻き寿司でいただきます。　右／オーナーの土橋雷太さんと文さん。伊良部島で暮らして13年になる。

上／遅くまで続いた夜の宴。にぎやかで楽しそうな声と、やわらかな明かりが外へこぼれる。下／翌朝、屋上に登ってみると、さとうきび畑の向こうに海が見えた。

島のおはなし ❺

01 *Sesoko's comment*
宮古のキャラを持ち帰ろう

宮古まもるくんＴシャツ 2800円
キーホルダー（パーントゥ、ヤギ）各3240円
【DESIGN MATCH／宮古島】
島の人気者、宮古島警察署交通課所属の宮古まもる君がＴシャツに。革細工のかわいいキーホルダーは、島の来訪神「パーントゥ」とヤギをモチーフにしたもの。
☎0980-79-0239　MAP P155E2

02 *Sesoko's comment*
心地よい島の香りを自宅にも

MIYAKO WAX BAR 各1300円
【海のそばの山小屋 indigo／宮古島】
火を使わずに香りを楽しむ天然素材のアロマキャンドル。飾っている素材はすべて宮古島で採れるもの。左から「ゴーヤ＆シークヮーサー」「島唐辛子」「ズマミの殻＆紅芋」。
☎090-3793-7374　MAP P155E2

122

03 *Sesoko's comment*
コーヒー豆をかわいく保存

モジャ コーヒー缶 2000円（豆入り3000円）
マグカップ 2000円
【モジャのパン屋／宮古島】
自家焙煎のコーヒーも人気の「モジャのパン屋」（P86）のコーヒー缶。コーヒーの風味をしっかり密閉して、風味を損なわず保存できる。ほかにオリジナルのマグカップも。
☎090-3977-6778　MAP P155F1

04 *Sesoko's comment*
天然醸造で体を元気に！

宮古みそ（500g）734円
あぶらみそ 378円
【マルキヨ味噌／宮古島】
地元の人に愛され続けている「宮古みそ」は、日本では数少ない天然の麹菌から作られた味噌。沖縄県産の豚肉を使った肉味噌「あぶらみそ」はご飯がいくらでも食べられそう！
☎0980-72-1816　MAP P154C2

05 *Sesoko's comment*
島の自然がそのまま味わえる

島育ちのハーブティー5種セット 700円
ローゼルコンフィチュール 780円
コリアンダーペースト 780円

【伊良部島ハーブベラ畑／伊良部島】

香り高いコリアンダーやローゼル（ハイビスカス）など、完全無農薬の畑で作られるハーブを瓶詰めに。ハーブティーは、泡盛に入れて香草酒として飲むのもおすすめ。
☎080-6482-5678　MAP P154A2

島の空気をお持ち帰り

ぼくの
とっておきの
宮古みやげ

思わず買い物に夢中になってしまいそうなほど、デザイン性が高くてセンスの良いお土産がたくさん。

06 *Sesoko's comment*
黒糖選びに迷ったら、これ。

純こくとう 600円

【BANDS FARM／宮古島】

農薬や肥料を使わずに育てたサトウキビを使い、すべて手作業で作られた黒糖。一般的な黒糖に比べて、まろやかで歯ごたえがあるのが特徴。純粋な黒糖の味わいを楽しめる。
☎0980-79-5982　MAP P154C3

07 *Sesoko's comment*
驚くほどかるい口当たり

雪塩ふわわ
（ココナッツ、紅芋）各360円

【宮古島の雪塩
宮古空港店／宮古島】

口に入れた瞬間、ふわっと溶ける食感が楽しい焼きメレンゲ菓子。宮古島の雪塩を使ったほんのりとした塩味は、何個でも食べられそう。軽いのでおみやげに最適。
☎0980-72-4748　MAP P154C3

大和井（宮古島）

沖縄本島周辺の島々

思い立ったら行ってみよう。
近くてもしっかり味わえる離島感

うつくしい海と、のどかな風景。ゆるりと流れる時間。
フェリーで、車で、飛行機で。
ここは、沖縄本島からアクセスしやすくて、
しっかり「離島らしさ」が感じられる場所。

Kume-jima

Kume-jima
Airport

yashi-no-Ki

Naha
Airport

Ie-jima

Okinawa-hontō

Hamahiga-jima

Shīsā

umi-game

原風景が広がる、のどかな島

伊江島

Ie-jima

伊江島のシンボルは何と言っても「タッチュー（城山）」（MAP P156C2）。頂上からの眺めは最高。

　美ら海水族館のある海洋博公園から、中央がピコッととんがった島を見たことがある人も多いと思う。それが伊江島だ。沖縄本島北部の本部港からフェリーでおよそ30分ほどの距離。港には駐車場があるし、車をフェリーに乗せることもできるので日帰りできる離島としても人気。とはいえそれほど観光地化されていないので、島にはのんびりとした空気が漂っている。にぎわうのはリリーフィールド公園で「伊江島ゆり祭り」が開催されるGW頃。世界の100品種ほどのユリが海をバックに咲き誇るのだ。標高172.2mの「伊江島タッチュー」はこの島の象徴で、麓の駐車場から10〜15分ほどで登頂することができる。山頂には占領しようと攻めてきた兵隊を大きな岩を投げて追い払い、島を守ったと言う「カタンナーパ」の大きな足跡があるので探してみて。しっかり島を巡るならレンタカーやレンタバイクが便利。絶景の「湧出」や「ニャティヤ洞」などの見所も。

「エースバーガー」という名前のレトロな食堂。ドライブスルーもあったりします。
#ご当地バーガー　#レトロ食堂
#MAP P156C2

島に来たらまずはご挨拶したい、旅の無事を祈願する拝所「阿良御嶽(あらうたき)」。隙間からタッチューが見える。　#パワースポット　#神様にご挨拶　#MAP P156C2

うつくしい天然のビーチ、通称「GIビーチ」は、観光客もまばらな穴場スポット。
#絶景ビーチ　#穴場　#シャワーなどの設備はありません　#MAP P156B2

伊江島はラム酒も有名。こちらは同じ工場で作られている伊江島蒸留所の「さとうきびシロップ」。　#アイスにかけるとおいしい
#MAP P156C2

戦時中は防空壕として使われた「ニャティヤ洞」。海側を覗くとなんとなくハート型、、、
#隠れハート　#子宝祈願
#MAP P156B2

港近くの「いーじまとぅんが」では、サクナ(長命草)のかき揚げが香ばしい伊江島小麦の沖縄そばがいただける。
#伊江島小麦　#沖縄そば　#MAP P156C2

上／朝日の中で、この宿の特徴的でちょっと不思議なカタチが浮かび上がってくる。下／床に敷き詰められたカラフルなタイルなど、細部までアートを感じさせる造り

和樹さんの作る器は島尻マージという沖縄独特の土を使用。特徴的なカタチでいて、手にしっくりと馴染む。

casa VIENTO

かーさ びえんと ■ 伊江島

タッチューの麓に佇む風変わりな外観の宿

例えるならスペイン・バルセロナにあるガウディの建築だろうか。コンクリート造りの不思議な形をした建物。でも、見誤って欲しくないのは、ここがその独特な造形だけが「売り」の宿ではないということ。島の自然がモチーフになっているというそれは旅情を掻き立ててくれるし、もちろん個性のひとつではあるけれど、この宿の魅力はもっと他にあると思っている。

いつも柔和な笑顔で細やかな気配りをしてくれるオーナーの島出身の金城和樹さん。宿の奥にある工房ではやちむん作りにも取り組んでいる。1階にあるカフェ「kukumui」を切り盛りし、島の食材を使って、パスタなど「島の人に寄り添ったメニュー」を提供するのは奥様の瞳さん。夕方になれば、息子の樹里くんが「ただいまー」と元気に学校から帰って来る。「島にしっかりと根を張りたい」と話す彼らの柔らかくてあたたかい暮らしに触れられるような気がするからこそ、ここは居心地が良いのだと思う。そしてその「居心地の良さ」こそ、離島の宿を選ぶ上でぼくが大切にしたいもの。「建物自体が変わっているので、他と同じじゃなくていいんだ、というのは常に思っています。ぼくたちはぼくたちが良いなと思っているものを伝えていきたい。違っているからこそ、そこが良いんだよねっていう、その自由な雰囲気をこの宿から感じ取ってもらえたらうれしい」。和樹さんのお父さんが、「建物が作りたい」というシンプルな動機のままに作り上げたという「風(viento)の家(casa)」。その作品としての「建物」に命を吹き込み、ふたりで手を加え、カフェを作り、家族で住まい、自分たちの「場所」にしたのだ。

原風景を見て喜べる、
そんな人に来てもらえたら

　和樹さんと瞳さんは沖縄本島にある県立芸大で出会った。その後、京都で和樹さんはデザインの仕事を、瞳さんは織りを学んだあと、パン屋さんやカフェで働いた。仕事はとても楽しかったけれど、ときには家にシャワーを浴びるだけに帰るというような忙しい日々に、少し疑問もあった。樹里くんを授かり、子育てが始まったとあるお正月、帰省時に改めてお父さんが建てたこの建物を見た時に、「イメージが膨らんだんです」（瞳さん）。「ぼくたちがやりたいこと、したい暮らしを、自分たちの感性を生かしてできるかもしれない。自然が近いから、子育てにも良いだろうって」（和樹さん）。そし

て、思い立ってから10ヶ月後には、伊江島での暮らしがスタートしていた。「私がおじいちゃんおばあちゃんっ子だったので、息子が祖父と遊んでいる姿を見ていられるのがうれしい。島には高校がないので子どもたちは15歳で島を出る。その分、いまは家族で密に過ごせている気がします」（瞳さん）。

　おしゃれなお店はあまりないし、リゾート感もないかもしれない。でもここには金城家との交流と、豊かな自然がある。ぼくは家族を連れてタッチューに登りに行った。3歳の息子も楽しそうに15分ほどで一気に頂上へ。360度に広がる海と、パッチワークのように敷き詰められた畑。風が頬を撫で、眼下にはcasa VIENTO。この旅に必要なものは他になにもない、ぼくはそんな風に思っていた。

Shop data

☎ 0980-49-2202　休無休　料2名1室3500円〜（1名）　MAP P156C1

左／瞳さんが作るワンプレートの朝ごはん。季節ごとにそのメニューは変わる。　右／金城家。その笑顔に、友人宅に遊びに来たような気持ちに。

上／宿の１階にあるカフェ「kukumui」に
優しい光が差し込む。下／器は「旅の記
憶の再生装置」。カフェでも使用している
和樹さんの器は購入も可能。

神様が暮らした、エネルギーに満ちる島

浜比嘉島

Hamahiga-jima

琉球を開いた神様が暮らした「シルミチュー」（MAP P156B4）。子宝祈願で訪れる人も多い。

　沖縄に数あるパワースポットの中でも、特に大切にされている場所のひとつ。琉球開闢の祖神「シネリキヨ」と「アマミキヨ」が暮らし、子をもうけたとされる「シルミチュー」と、その墓である「アマミチュー」がこの島にはある。木漏れ日さす石段を登った先にあるシルミチューは、行けば心が洗われるような不思議な場所。本島からドライブコースとしても人気の海中道路を渡り、平安座島を経由して車で渡ることができる。ちいさな漁港に「浜」と「比嘉」のふたつの集落。いまでも離島らしい雰囲気が残っていて、カフェや宿も点在している。さらに平安座島からは「瑠庵＋島色」というおいしいかき氷の店や、「果報バンタ」という絶景スポットのある宮城島と、伊計ビーチが人気の伊計島に行くことができるので、1日しっかり楽しむことができる。本島で暮らしていても、ここまでくれば旅気分をしっかり味わうことができる。

両側を海に挟まれて、爽快なドライブが楽しめる「海中道路」。本島と平安座島をつなぐ。
#絶景ドライブ　#海中じゃないの？
#MAP P156A4

観光客にも人気のある「丸吉食品」。その場でかぶりつきたくなる「もずくの天ぷら」がおすすめ。　#漁師めし　#定番メニューもあるよ　#MAP P156B4

比嘉集落の周辺は至る所がビーチ。釣りを楽しむ人たちの姿も多い。
#隠れビーチ　#何が釣れるの？　#平日の昼間なのに釣り人たくさん

集落は離島らしいのどかな風景が残っている。雑草を取るおばぁと、お手伝いのねこ。
#島ねこ　#おばぁと仲良し　#島の風景
#昔ながらの集落

沖縄県内ではもずくの産地として有名な浜比嘉島には、ほのぼのとした漁港の風景がひろがる。
#もずく　#収穫は5月頃

集落を散歩していると、いろとりどりの花に出会う。3つ並んだ姿がかわいらしい。
#散歩　#花探し　#アカバナー　#花の名前がわからない

kainowa

かいのわ ■ 浜比嘉島

夜光貝の中に眠る
美しさを掘り出す

　沖縄本島のすぐそば。海中道路という
橋を渡って行くことのできる浜比嘉島。
そこで大型の巻貝の一種である「夜光貝」
を削り、指輪などのアクセサリーを作っ
ている。表面的なことを言葉にするのは
簡単かもしれないけれど、ぼくが感じる
彼らの魅力を言葉にするのは難しい。そ
の美しさや、居心地の良さは、なんとも

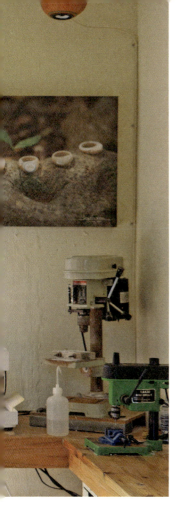

左／工房兼ショップで貝と向き合う真さん。上／ゴツ
ゴツとした見た目の大型の巻貝の一種である「夜光
貝」。下／カットし、何度も研磨していくことで掘り
出されたアクセサリー。当然貝ごとに個体差があり、
同じ模様はひとつとしてない。

形容しがたいから。
　だからこそ生み出された指輪やネック
レスを、ぜひ実際に手に取ってみてほし
いのだ。硬質なものなのにその輝きは不
思議な柔らかさを感じさせ、滑らかな曲
線とやさしい色合いが生み出す複雑な表
情は、まるでそこにちいさな宇宙がある
ようで、いつまでも見飽きることがない。
それを作るためにはどれだけの美的セン
スが必要なのかと思って問えば、作り手
である川初真さんは逆のことを言う。「作

家というよりも、職人という意識の方が
強いですね。貝の中にもともとある美し
さを、いかにありのまま取り出せるか、
ということを考えています」。その重厚
な見た目とは裏腹に、内部には輝く真珠
層がある夜光貝。誰に愛でられるわけで
もなく、それによって誰かに愛が受け入
れられるわけでもないのに、ただただ時
間をかけて貝は成長し、人知れずその美
しさを獲得してく。そんな、ありのまま
の、無欲の美しさに、真さんは魅了された。

Shop data

☎098-977-7860 🕐12:00～17:00 🈲月～金曜（平日は事前予約にて往訪可能）　MAP P156B4

左／自宅の脇にある工房兼ショップには、指輪やアクセサリーなどが並ぶ。 右／アクセサリーにはしないような模様や断面もそのままにした「貝玉」。いつまでも眺めてしまう不思議な美しさ。

ありのままを
受け入れるからこそ

　きれいな海を見渡す橋を渡りきったところで右に曲がり、ちいさな漁港を傍に進む。そこから集落へ入ったすぐの場所に彼らの工房兼ショップがある。取材の日、ぼくはずうずうしくも「一緒にお昼ご飯を食べましょう」と誘っていた。ショップの運営やプロモーションを担当している奥さんの純子さんがパスタを作ってくれて、庭で一緒にいただいた。食後にコーヒーを飲みながらインタビューをしたのだけれど、話したのはほとんど世間話だったような気がする。でもそれで良かったと思っているし、そうしたかったのだ。台風のあと、いくつか残ったハイビスカスが風に揺れて青空に赤いアクセントを加え、庭のバナナがたわわになり、テーブルの上には木漏れ日が踊るようにして光の模様を浮かび上がらせていた。この場のありのままを感じ、言葉にすることが大切だと思ったから。

　彼らが歩んできた道は決して平坦ではないし、もちろんいまでも日々思い悩みながら歩んでいる。でも、言えることは彼らが「たまたま物件が見つかった」という導きで浜比嘉島へやって来て、ダイビングのインストラクターだった頃に出会った夜光貝で職を得たことを、流れに身をまかせることで、「居るべき場所にやって来て、やるべきことをしている」という充足感をもっていること。例えば忙しさで体調を崩したり、自分がやりたい仕事かどうかと悩んだ経験があるから、自然体でいられることの価値を、彼らは知っている。自分たちの「ありのまま」を知り、それを受け入れているからこそ、柔らかな雰囲気の中に芯の強さを感じさせるのだ。だからkainowaのアクセサリーを見ていると、ふたりとこの場所にいると、ぼく自身も肯定されたような、やさしく包み込まれた気持ちになる。それがきっと、ぼくがkainowaに魅了される理由なのだ。

上／夜光貝を磨き、アクセサリーへと加工するための道具が
並ぶ。下／この日はお庭にテーブルを持ち出してランチを。
純子さんが自慢のパスタとコーヒーを振舞ってくれた。

久米島

Kume-jima

登武那覇（とぅんなは）園地（MAP P157E3）からのぞむ絶景。奥に見えるのが「ハテの浜」。

　久米島は本島から飛行機で約30分ほどと、アクセスがとても良い。実は1日1便だけど羽田空港から直行便もあったりする（季節限定）。夏場は暑いので日焼け・熱中症対策が欠かせないけど、絶景スポットとして有名な「ハテの浜」は一見の価値あり。それ以外はあまり、、という声もあるけど、そんなことはないと思う。自然は豊かだし、「やん小〜」の味噌もやしそばは最高においしいし、「YUNAMI FACTORY」のガーリックシュリンプも見逃せない。個人的には島で唯一の焙煎所「マキノコーヒー」の今後に注目。イーフビーチ周辺や仲泊あたりの街並みは、他の離島とはまた少し違った、昭和を感じさせるようなレトロ感で、カメラを持って散歩したくなる風情でぼくは気に入っている。"天空の城"宇江城城跡も好きな場所。沖縄県内で5番目に大きな島だけど、レンタカーを借りれば1日でぐるりと周れる、気軽に訪ねてほしい離島のひとつだ。

初めて乗る時はドキドキした小型のプロペラ機。ちょっとアドベンチャー気分。
#プロペラ機 #まぁまぁ揺れます #アトラクションだと思おう

「赤嶺パイン園」のパインジュース。凍らせたパインをそのままミキサーにかけているのでひんやり。
#ジャムもおすすめ #夏が旬 #MAP P157E3

久米島の沖縄そば屋といえば「やん小〜」。「ピリ辛味噌もやしそば」がお気に入り。
#久米島味噌 #惣慶もやし #たいらの味噌 #MAP P157D3

島に秋の訪れを告げる「ショウキズイセン」。空港からすぐそばの道路沿いが黄色に染まる。
#黄色い絨毯 #秋の花 #でも沖縄って秋感うすいよね

隣接するホテル含め、どこかレトロな雰囲気が気に入っている「イーフビーチ」。
#青いパラソル #ホテルも素敵 #MAP P157F4

地元民に愛される「島かまぼこの店 助ろく」。サメが並ぶこともあるのだとか。
#カマボコチップもあるよ #お土産にも #MAP P157E4

上／お店に、畑に、海にと明るく活動的な店主アンナ・エドベリさん。　下／スウェーデンを思わせる鮮やかなブルーとイエローが目を引く外観。

SMÅKAKA

スモーカーカ ■ 久米島

上／アンナが描いた海辺に座る息子夫婦やダーラナホースの絵が飾られて。下／この日のランチは「プルーンソースポークとマッシュポテト」。

スウェーデンから単身移住
自分の人生を楽しむために

　とにかくアンナの話がぼくの心に響くものばかりだったから、すっかり聞き入ってしまった。最初に断っておくけどぼくは英語が話せない。そして、アンナは久米島に単身移住してきたスウェーデン人で、日本語がまったく話せない。でも「日本人はシャイなだけで、本当は英語がわかるのよ」とアンナは笑って、遠慮なしに英語で話しかけてくる。もちろんスタッフが通訳してくれたのだけれど、目を見ながら身振り手振りで会話していると、なんとなく通じている気がしてくるからコミュニケーションって不思議だ。
　息子さんが日本人のお嫁さんをもらったことをきっかけに家族で旅行に来た座間味島。その美しさに魅せられ、沖縄でビジネスをしたいと思ったアンナは、日本滞在を続けていた息子さんの協力も得て物件探し。行ったこともない久米島の物件を発見。インターネットで調べると大好きな海もそばにあるし、と決断。単身久米島へやって来て、大好きな料理を

武器に、お店を始めることにした。どうして久米島に？　日本語も話せないのに？　ひとりで？　いろんな人に、いろんなことを聞かれたはずだ。50代の女性が、北欧スウェーデンから南国・久米島へ。どれだけ強い意志があってのことか、それとも変わり者なのか、、、でも、アンナの答えはとてもシンプルで力強い。「スウェーデンの人は、例えば親に言われたから、という理由で自分の意に沿わない仕事をしたりしないの。本当に愛していることだけをする。誰に何を言われても気にしない。だってそれは自分自身の人生だから。それにとても好奇心が強いの。久米島に来たのは、自分がやりたいと思ったから。それだけのことなのよ」。

そばにある美しい海と、
多様でユニークな人々と

　そうは言っても、寂しくはならないだろうか。聞くと、少し不思議そうな表情を見せたあと、すぐに笑顔で答えてくれた。「海がそばにあること。気候。そして久米島のユニークで多様な人々が好き。家の一部を改装してお店にしているから、毎日ホームパーティーをしている感覚なの。だから寂しいと思ったことはないわ」。

　久米島に来る前は、80以上の支店をもつ飲食系の大企業で、スウェーデンの北半分を統括するエリアマネージャーとして忙しい日々を送っていたそう。在職中の12年間、仕事ばかりの毎日だったから、いまは自分の時間を大切にしている。だから営業は月、火、水曜のランチと木曜のディナーだけ。

　お店の裏にある庭ではドラゴンフルーツ、いちじく、バジルやローズマリー、バニラ、パッションフルーツなど実にさまざまな野菜やハーブ、フルーツを育てていて、収穫すればカフェのメニューに使ったりしている。訪れた日はちょうどアンナにとって初めてのドラゴンフルーツが実をつけていた。

　「島の食材を使う。だけど、いままであるような料理はしない。その日ある食材を見て、毎日メニューを変えるの。冬瓜だったら、私はスープではなくアイスにしたり､､､　こんな食べ方があるんだ、って、島の人の視野を広げるきっかけになりたいから」。この場所はレストランであって、ミーティングプレイス。値段を安くしているのは誰でも来られるようにするため。「私はコミュニケーションをとることが大好きだから」。

　庭に置いてあった赤いカヌー。最近買ったというそれを誇らしげに見せながら、いまにも海に駆け出しそうな笑顔で、アンナは笑っていた。

Shop data

☎ 080-6487-0940　🕐 月～水曜 10:30～16:00、木曜 18:00～21:00、最終日曜のみ 10:30～15:00　🈟 金・土・日曜（最終日曜は営業）、ほかに不定期長期休業あり　MAP P157E4

左／カウンターではアンナが常連さんと楽しそうに会話。それが日常。　右／毎朝焼いている自家製のシナモンロール。シンプルでおいしい。

THE ONLY
TO DO
GREAT
WORK
IS TO
LOVE
WHAT YOU DO

BE SO
HAPPY
that when
others look
At YOU
They become
Happy too

上／シンプルでも居心地の良い店内。カウンター
の他は、テーブル席が二つだけ。下／店舗裏に
あるアンナの畑で、カヌーが出番を待っていた。

Anna
Edberg

平良港周辺（宮古島）

与那国島

八重山列島

0　　3km
1：350,000

馬鼻崎
与那国空港
祖納港
雑貨さくら P69
与那国

久部良岳
西崎
与那国町
宇良部岳
東崎

与那国島
新川鼻

先　島　諸

八　重　山　列

鳩間島
鳩間

鳩間水道

ウナリ崎
上上原
鳩離島武田崎
伊
赤離島
215

船浦のニッパヤシ群落
ピナイサーラ
野原崎
ウヨナラ水道
離島

外離島
赤崎
テドウ山
古見岳
由布島
加屋真島
浜島

サバ崎
内離島
マリュドゥ滝・カンピレー滝
小浜島

ヌバン崎
浮浦湾
崎山湾
グイラ川
仲良川
西　表　島
竹富町
御座岳
古見
嘉佐崎
竹富町

水落滝
鹿川湾
ウブンドルの
ヤエヤマヤシ群落
古見のサキシマ
スオウノキ群落
仲間崎

落水崎
南風見岳
南風見
仲間川
215

ウビラ石
南風見崎
大原港

黒島港

P152-153 西表島
新城島
黒島

黒島右図

竹富町

浜崎
竹富町
波照間
波照間空港
高那崎

波照間島

↑下図へ

1：130,000

0　2km

野底石崎
P40
ぶどり商店

79

野底

大浦ダム

伊原間中

サビチ鍾乳洞

206

伊原間

伊原間洞

野底岳▲

玉取崎展望台

390

玉取崎

大野牧場●

大野

●伊野田オートキャンプ場

桃里

伊野田小

野原崎

石垣島
海のもの山のもの
P68

星野

大里

390

白保東小島

Cu-co thinga-ra P69

南ぬ島石垣空港

やちむん館工房
P44

パピル P20

旬家ばんちゃん
P20・62

shiraho 家 cafe
P20

白保集落
P20

大地離

P20 平久保崎

古波蔵牧場●

平野

浦崎

平久保牧場●

平久保小
●平久保

●平久保のヤエヤマシタン

206

安良岳▲

石垣島サンセットビーチ●

ダテフ崎

久宇良

▲久宇良岳

展望デッキ 心呼吸
P20・66

●スカイアドベンチャー
うーまくぅ

BARAQUE
P32

明石食堂

●明石小

トムル崎

伊原間牧場

▲はんな岳

サビチ鍾乳洞

伊原間

↓左図へ

1：130,000

0　2km

D E F

1 : 135,000

0   2km

1

赤離島
大見謝ロードパーク

バイヌマヤアドベンチャーパーク

野原崎
ウ離島
野原崎展望台

加屋真島

2

古見岳▲   ▲金山

由布太陽牧場

ヨ
ナ
ラ
水
道

大岳

船崎

島

由布島

210

小浜島

小浜

桑木山

後良橋ロードパーク

215

古見小

嘉佐崎

竹富町

3

古見のサキシマスオウノキ群落

仲間川

野岳▲

仲間川天然保護区域

大原中

加丁良山▲

大原港

南風見

大原小

仲間港

仲間崎

はてるま P54

南風見崎

4

213

黒島展望台

黒島

新城島

新城

D E F

宮古島

1 : 140,000

0　　　　　2km

A　　　　　　　　　B　　　　　　　　　C

池間島

大神島

池間大橋

西平安名岬

西の浜ビーチ

230

宮古島海中公園 ●
● 島尻の
マングローブ林

白鳥崎

フナウサギバナタ

83

伊良部島
ハーブベラ畑
P123

GUEST HOUSE nesou P118

砂山ビーチ

大浦湾

P122 マルキヨ味噌

佐和田の浜

伊良部そば かめ P78

P110 福木カフェ・商店

● 西辺小・中

90

下地島空港 ✈

90

下地島

伊良部島

204

伊良部

宮古島市

83

サシバリンクス伊良部

牧山展望台 ●

平良港

204

平良タウン右上図

平良

渡口の浜

伊良部大橋

252

カママ嶺公園

78

Island swe
Cona P94

長山港

390

Soraniwa hotel and cafe

P123 BANDS FARM

● 久松中

イオンタウン
宮古島

P98 ニンギン商店

P102 島野菜デリ
じゃからんだ

✈

宮古空港

243

P123 宮古島の雪塩 宮古空港店

西浜崎

200

与那覇湾

千代田C

下地中　下地

P78 猫の舌ビーチ

あおぞらパーラー

皆愛屋

P79 竜宮展望台

235

P79 長間浜

来間島集落
P79

エメラルドコースト
ゴルフリンクス

来間大橋

Pani Pani P79・114

来間島

A　　　　　　　　　B　　　　　　　　　C

伊江島

	A	B	C

0　500m
1 : 55,000

1

- リリーフィールド公園
- 湧出
- 225
- 伊江島
- 伊江村
- P130 casa VIENTO
- 東江上
- 伊江島灯台
- 真謝
- 城山(タッチュー) P128
- 伊江島空港
- 181
- 西江前
- ミースィ公園
- 伊江中
- 伊江村役場
- 伊江小
- 西小
- 西崎
- 照太寺卍
- 225
- 川平
- 181
- P129 エースバーガー
- 伊江島蒸留 P129
- 阿良
- 225

2

- ニャティヤ洞 P129
- GIビーチ P129
- NINUFA
- いーじまとぅんが P129
- 具志原貝塚
- フェリー発着所
- 伊江港
- 阿良御嶽 P129

海中道路周辺

0　1km
1 : 120,000

3

- AJリゾートアイランド伊計島
- 大泊ビーチ
- 伊計ビーチキャンプ場
- 伊計島
- 与那城伊計
- トンナハビーチ
- 10
- 西ノ岩
- 金武湾
- 宮城中央公園 与那城宮城
- 宮城島
- 瑠庵+島色
- アクナ浜
- ソダチカナ浜
- 果報バンタ
- 与那城桃原
- 沖縄石油基地
- 平安座島
- 彩橋小・中
- 10
- うるま市海の文化資料室
- 37
- 海中道路 P135
- 238
- P136 kainowa
- P135 丸吉食品
- 与那城小
- 与那城屋慶名
- 藪地島
- 勝連浜
- 勝連比嘉
- 浜比嘉島
- 勝連小
- 与勝二中
- 与那城饒辺
- 239
- シルミチュー P134
- 平敷屋小

4

A　　　B　　　C

うれしい出会いや再会、人のつながり、不思議な体験もあって
この本の制作そのものが、ぼくにとって、
ずっと記憶に残るような「ストーリーのある島旅」になりました。
その経験の多くを1冊のなかに詰め込みました。
この本が皆さんのより良い旅の一助になったらうれしいです。

お声がけくださったJTBパブリッシングの平原さん、
進行を強力にサポートしてくれた編集の齋藤さん、
旅の断片を美しくまとめてくれたデザイナーの葉田さん、
そしてぼくの自由な表現を受け入れ、忙しいなか協力してくれた
取材先の皆さん、本当にありがとうございました。

「旅先」というのは僕らから見たひとつの視点でしかなくて、
ちいさな島にはちいさな島の、暮らしや文化、風景があります。
それらが尊重され、島らしい在り方でその豊かさや魅力が
これからもずっと続いていくことを願ってやみません。

さぁ、ぼくはまた次の旅に出かけます。
そこにはきっと、あたらしい出会いが待っているから。

セソコマサユキ

Epilogue

Profile

沖縄在住の編集者、カメラマン。広告代理店での雑誌編集を経て「手紙社」に参加。独立を機に沖縄に移住。さまざまな媒体での編集、ライティング、撮影を通して、独自の目線で沖縄の魅力を発信している。観光情報サイト「沖縄CLIP」編集長。著書に『あたらしい沖縄旅行』『あたらしい離島旅行』『あたらしい北海道旅行』(WAVE出版)、『あたらしい移住のカタチ』(マイナビ出版)、企画・制作に『みんなの沖縄』(主婦の友社)がある。

http://masayukisesoko.com

著　者　セソコマサユキ

デザイン　葉田いづみ
写　真　セソコマサユキ
イラスト　fancomi
地　図　ユニオンマップ
編　集　齋藤美帆
　　　　平原聖子(JTBパブリッシング)

石垣 宮古 ストーリーのある島旅案内

2018年3月15日初版印刷
2018年4月1日初版発行

編集人　平原聖子
発行人　宇野尊夫
発行所　JTBパブリッシング
　　　　〒162-8446　東京都新宿区払方町25-5
　　　　http://www.jtbpublishing.com/
編　集　☎03-6888-7860
販　売　☎03-6888-7893

編集・制作　　第二情報事業部
組版・印刷所　JTB印刷

©Masayuki Sesoko 2018
無断転載・複製禁止　Printed in Japan
174609　807160
ISBN978-4-533-12570-6　C2026
乱丁・落丁はお取替えいたします。

※本書に掲載した地図の作成にあたっては、国土地理院長の承認を得て、同院発行の数値地図(国土基本情報)電子国土基本図(地図情報)、数値地図(国土基本情報)電子国土基本図(地名情報)及び数値地図(国土基本情報20万)を使用しています。(承認番号平29情使、第1185号)。
※本書掲載のデータは2018年1月に確認したものです。発行後に、料金、営業時間、定休日、メニュー等の営業内容が変更になることや、臨時休業等で利用できない場合があります。また、各種データを含めた掲載内容の正確性には万全を期しておりますが、おでかけの際には電話等で事前に確認・予約されることをお勧めいたします。なお、本書に掲載された内容による損害等は弊社では補償しかねますので、予めご了承くださいますようお願いいたします。
※本書掲載の料金は、原則として取材時点で確認した消費税込みの料金です。また、入園料など特記のないものは大人料金です。ただし、各種料金は変更されることがありますので、ご利用の際にはご注意ください。
※定休日は原則として年末年始・お盆休み・ゴールデンウィーク・臨時休業を省略しています。
※利用時間は原則として開店(館)~閉店(館)です。ラストオーダーや入店(館)時間は、通常閉店(館)時刻の30分~1時間前ですのでご注意ください。ラストオーダーはLOと表記しています。